陽明山國家公園步道

陽明山國家公園解說叢書 ⑨

陽明山國家公園

給愛山的朋友

　　鄰近大台北都會區的陽明山國家公園，在居民眼中有個「台北後花園」的美名，亦是大部分遊客造訪台北的必遊景點，它不同於玉山、太魯閣及雪霸等高山型國家公園的高聳險峻，接近它不需全副武裝僅需輕便行囊。

　　對於這個交通便利、距都會區最近的國家公園，您可曾輕車簡從、用最誠摯的心去感受它，用雙腳接近它，在揮去身上汗水、大口呼吸清新空氣之餘，體會心中最真實的快樂；您可曾登上七星山頂，俯瞰大台北盆地的廣闊壯麗，還可以遙望雪山、大霸尖山，感受自己

如蒼海一粟般的渺小；您可曾爬上大屯山頂，看著夕陽餘暉照耀靜謐的雲海；您可曾走過金包里大路（魚路古道），領略一下先人為討生活挑魚從金山走到士林、天母、大稻埕等，篳路藍縷的辛勤過往；您可曾倘佯在擎天崗草原，感受無垠開闊連綿起伏的草原風光。

透過本書的介紹，您可得知出發前準備的重要性，瞭解18條步道路線的難易程度、海拔落差、路徑里程、時間、交通、資源特色等環境資訊，再依照您的時間與體力，安排最適合自己的登山路線。

您可暫時放下手邊的工作，來一趟陽明山國家公園步道之旅，大自然將會給您熱情的擁抱，可讓您洗滌一身的疲勞及壓力，得到身心靈的釋放。在進行親山活動的同時，請記得「除了攝影什麼都不取，除了足跡什麼都不留！」，以「無痕山林」的友善行為對待大自然，相信我們都能感受到大自然滿滿且無私的回饋。現在，您準備好了嗎？Let's go! 陽明山國家公園值得您細細地品味，期待您能滿載而歸。

處長　　林永發　　謹誌

中華民國98年9月

目次 ....

使用說明......

編輯內容概述

本 書內容以介紹陽明山國家公園範圍內，經本處安全規劃之登山健行步道為主，包含步道特性與難易度等，同時也介紹沿線景觀、設施及動植物生態等。其中步道路線之規劃以大屯山系、七星山系、擎天崗系及人車分道系統為主軸，分列出18條步道路線；利用文字敘述、結合現場圖片、GPS測量之地形圖、精緻美觀之示意圖、詳實高度落差圖及步道路徑里程說明，提供閱讀本書之民眾，在出發前能事先規劃路線、行程與時間。本書所列之步道依步道坡度、舖面、設施等，分列使用等級如下：

步道說明及所屬等級

 無障礙級

步道不見階梯，舖面設施完整，登山口容易辨識，適合身心障礙者及嬰幼兒車使用。

▎ 二子坪步道（無障礙步道）

 親子級

路線指標清楚，行徑路線容易掌握，步道舖面設施完整，登山口容易辨識，一般人可輕鬆走完全程。

▎ 茶公坑山步道　　▎ 冷水坑環形步道
▎ 絹絲瀑布步道　　▎ 擎天崗環形步道
▎ 坪頂古圳步道　　▎ 冷水坑・擎天崗人車分道

健腳級

登山口與叉路清楚易行，部分階梯路段坡度較陡，較無完整舖面設施，行走時須考驗腳勁及肺活量，適合經常登山健行、體力較佳者行走。

▎ 中正山步道
▎ 面天山步道
▎ 七星主峰・東峰步道
▎ 紗帽山步道
▎ 金包里大路(魚路古道)
▎ 頂山・石梯嶺步道
▎ 陽金公路人車分道
▎ 百拉卡公路人車分道
▎ 七星山站至冷水坑人車分道
▎ 菁山路及新園街人車分道

 山友級

路徑簡易、寬窄不一，坡度較陡長，上下坡較多，人工舖面設施較少，多屬自然
狀態，適合經常從事登山健行活動或體力極佳者行走。

▌ 大屯主峰．連峰步道

地圖說明

步道路程與高度落差圖

以斷面曲線圖方式表現，結合海拔高度（公尺）與步行距離（公里，利用GPS測出之
水平距離），XY長度距離比例為1：2.7之比對照，如此對步道路線之高低差能一目了
然，同時也說明步道長度、高低差、步行時間之對照。

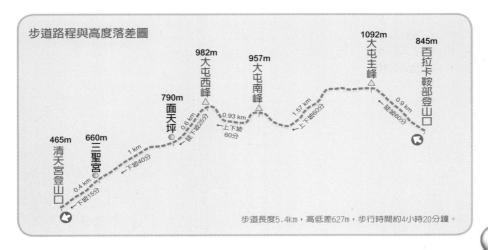

步道路程與高度落差圖

1092m
大屯主峰 △

845m
百拉卡鞍部登山口

982m
大屯西峰 △

957m
大屯南峰 △

790m
面天坪 ○

465m
清天宮登山口

660m
三聖宮

0.9 km
緩坡60分

1.57 km
上下坡60分

0.93 km
上下坡
60分

0.6 km
緩坡25分

1 km
下坡40分

0.4 km
下坡15分

步道長度5.4km，高低差627m，步行時間約4小時20分鐘。

使用說明

示意圖

明顯展現步道入口、起迄、行經路線、沿線主要地標、路名、遊憩景點與公車資訊。

示意圖

地形圖

比例尺為1：25,000，以高程（等高線）分層設定配色之方式呈現步道主線與周邊地形之高低視覺效果。

地形圖

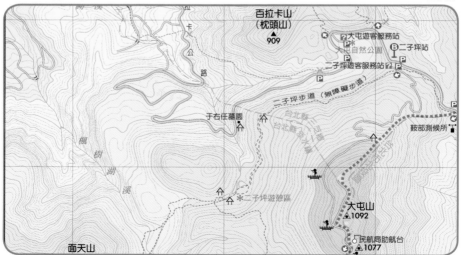

文字敘述說明

本書步道路線之規劃以大屯山系、七星山系、擎天崗系及人車分道系統為四大系統，同時以■■■■四種顏色為各系統代表色，分列出18條步道路線。文字敘述首先是山系概要、步道名稱、步道起訖等，其次是區內主要山脈(家族成員)之名稱、標高、位置與沿線遊憩景點。

攀登路徑

本書主文敘述以步道攀登路徑為主；自登山口起敘述步道沿線所聞所見，文字間配合圖像、圖說輔助，讓閱讀之餘還能對照現場寫實景觀。

交通資訊

攀登路徑之後為步道之交通資訊，本項資訊含 Ⓑ 大眾運輸車次、🚗 自行開車路徑與 Ⓟ 停車場位置介紹，有助於民眾安排選擇前往之交通工具與方式。

動植物生態

國家公園的成立主要是給除了人類以外的生物一個生存、喘息的空間，因此如何維護動植物生長環境，就顯得格外重要。本書於每一條步道文字後面，同時也介紹步道沿線能看見聽見的動物與植物，有助於遊客認識更多植珍貴的動物與植物，進而愛護它。

心情點滴‧登山記錄

每一次登山都會有難以忘懷、值得記錄的點滴，而爬山的心情更是讓人振奮、雀躍，記錄下來也是收穫。本書特於每一條步道最後留下書寫頁面，讓您能記錄下您最難忘且感受深刻的登山趣事。

附錄

含園區交通資訊、緊急救護與求救、登山步行要領、不宜登山時節、登山安全要領、郊山究竟有多高、閱讀登山地圖與書籍、甚麼是三角點、園區內之禁止事項、甚麼是定位系統GPS、甚麼是二度分帶、相關單位資訊、緊急醫療院所、生態資源名錄、遊憩景點名錄、國內登山相關團體資訊等，皆為不可或缺的登山健行資訊。

使用說明 ....

圖例標記介紹

地形圖　圖例標記

▲	山頭
△	三角點
×223	獨立標高
●	重要地標
	電台發射台
⊠	高塔建築
	氣象台
>○<	吊橋
⋀	休憩涼亭
⬆	登山口(步道入口)
Ⓑ	公車站
Ⓟ	停車場
✉	郵局
	觀景平台
文	高中以上
中	國中
小	國小

✳ 遊憩景點
♨ 溫泉
瀑布
卍 寺廟
------- 步道

❓ 遊客服務站
Ⓗ 飯店、旅館
⊗ 警政
✚ 醫院
⊞ 衛生所
消防隊

✳--✳ 封閉或未開發步道
（為本處封閉或未開發步道路段，具
危險性及容易迷失，請勿擅入。）

未通車　隧道　編號　橋樑
省道
縣道 105
鄉鎮道 北4
車道
一般道路
攔水壩　河流、湖泊

高度表 (公尺)

1000
800
600
400
200
100
50
0

纜車、索道

台北縣 / 台北市　縣市界

三芝鄉 / 淡水鎮　鄉鎮界

國家公園界

示意圖與文字欄　圖例標記

●	地名	✿	遊憩景點		步道分級	
	登山口 (步道入口)		寺廟		無障礙級	
P	停車場		洗手間		親子級	
△	山脈	Ⓑ	公車站		健腳級	
▲	山頭	❓	遊客服務站		山友級	
	觀景平台	═══	車道		販賣部	
⌂	休憩涼亭	───	一般道路	Ⓑ	大眾運輸	
●	註記點	┄┄┄	步道		自行開車	
♨	溫泉	─·─	行政區界			
		∷∷∷	國家公園界			

步道路程與高低落差圖　圖例標記

△	山頭	650m	海拔高度（公尺）
●	主要地標	0.4 km	步行水平距離（公里）
		陡下坡20分	步行時間（分）
	登山口(步道入口)	┅┅┅	步道高低曲線
↙	步道路程方向	├──┤	步道距離示意線
		▓▓▓	車道

颱風警報期間，山區容易發生豪雨、坍方、樹倒及溪水暴漲等各種災害，本處籲請民眾不要進入園區，以免發生危險；如發生緊急事件，請連絡119或陽明山國家公園管理處 02-28613601

11

不可不知的八件事

1 登山活動注意事項

(1)進入山區前必須隨時注意氣象變化，山區多驟雨應小心溪水暴漲、嚴禁溪中戲水。

(2)行前充分規劃與準備，保持良好體力和耐力，途中不得脫隊單獨行動，以免迷路。

(3)完整的裝備、充分的飲水和糧食，是保護自身生命安全不可或缺的要項。

(4)山上溫差大，需帶禦寒衣物，並預防高山症。

(5)崖壁間行走小心山崩落石、墜崖落谷、雷擊電灼。

(6)請注意毒蛇、虎頭蜂出沒，不貪用或靠近有毒的植物。

(7)患有嚴重貧血、心臟病、高血壓、氣喘症、高山症等症狀者，請勿攀登高山。

(8)請尊重其他的山林使用者，山區環境應保持安靜、乾淨。

(9)迷路時應折回原路，或尋找避難處所，避免消耗體力，再以通訊器材求救，靜待救援。

2 意外事件急救要領

意外事件

(1)天氣變化：突遇驟雨狂風，應就地利用地形地物遮蔽，切記勿為原行程趕路。

(2)負傷：人為負傷或遭受傷害時，立即採取急救措施並請求支援。

(3)落崖：失足落崖應心平眼快，即時手抓最近樹幹、植物、岩石等突起物，以防繼續掉落並等待救援。

(4)遇危險動物：若遇到蛇類切勿招惹，應就地站立俟蛇離去後再移動；如遇蜂窩或群峰盤旋頭頂，應慢慢後退，再往反方向迅速避開繞道，切勿逗留。

急救要領

(1)疲勞：給予短暫休息，放鬆心情、減輕負荷、緩和疲勞。

(2)疼痛：身體突然發生疼痛，應立即放棄登山；若因精神緊張產生疼痛，可藉由調節情緒來緩和疼痛。

(3)飢餓：立刻補充食物，若無食物可吃也應補充糖份，以免血糖低易休克。

(4)寒冷：感覺寒冷應立即穿上多層保暖衣物；若因感冒引起寒冷，應給予多喝熱開水保暖。

(5)失溫：將患者移至溫暖的帳篷或山屋內，脫掉濕的衣物，以乾燥的衣服、睡袋裹住全身或引火取暖。

(6)抽筋：體能消耗導致肌肉痙攣疼痛，應立即休息，先不要喝水，給予局部按摩、鬆弛肌肉。

(7)骨折：不可任意移動患者，頭部放低平躺，就地取材製作固定架，迅速抬下山送醫急救。

3 遊客安全守則

(1)行前計畫須周全，經驗豐富領隊行。
(2)登山裝備準備齊，體能鍛鍊隨時行。
(3)糧食飲水一定要，衣服鞋帽不可少。
(4)步伐平穩緩慢走，休息五來行三十。
(5)服從領隊循前行，切忌疾行抄捷徑。
(6)注意氣象多變化，過午不登高山頂。
(7)半飽飲食有體力，平步小息有耐力。
(8)欣賞風景停腳步，邊走邊看危險到。
(9)勿丟垃圾染環境，自然美麗大家愛。
(10)快快樂樂出門去，平平安安回家來。

4 登山迷路應變要領

(1)萬一誤入迷徑，最忌驚慌失措、胡走亂闖；應當鎮靜、保留體力，辨明方向後退回原處，重新確定正確路徑或等待救援。
(2)注意防濕、防風，並節省糧食、飲水及手機、電筒、照燈電池。
(3)若發生意外事故時，應先找一個收發電訊較佳的位置，以手機直接撥打119求救(手機無訊號時可撥打112)，也可通知有經驗的親友代為報案。
(4)求救時應清楚告知行走路線、目前所在位置、海拔高度、地形與特殊景觀等。
(5)迷路通報後，手機可改為每小時整點時開機5分鐘通話以節省電力。
(6)若要移動原位置以避風雨時，應沿路折斷一些小樹枝、綁草葉或堆疊石頭作為記號，讓搜救人員可以循跡找到你。

5 園區氣候特性說明

　　本區位於北緯25度，有明顯的亞熱帶地區季風型氣候的特徵，夏季受到西南季風影響，多為晴朗午後有雷陣雨的天氣，冬季則因東北季風南下而變得潮濕多雨，年雨量多達4,000毫米，降雨日數也在190天以上。

　　由於地勢較高，氣溫較台北盆地低約3至4度，呈現冬冷夏涼的季節特性，而本區起伏的地形與複雜的地勢，致使局部地區氣候變化相當明顯，時有東山飄雨西山晴的特殊景象，而原本清晰的景物也常在瞬息間被突然擁至的濃霧所遮蔽 。

　　山中水氣豐沛是本區的一大特色，經常依時間、溼度狀況的不同，會匯聚為山嵐、或為雲霧、或為雨露，縹緲於山林間難料其變幻莫測。

6 園區內服務電話

陽明山國家公園管理處	02-28613601
陽明山國家公園遊客中心	02-28616341
國家公園警察大隊陽明山警察隊	
	02-28613609〜10
小油坑遊客服務站	02-28617024
龍鳳谷遊客服務站	02-28935580
二子坪遊客服務站	02-28626246
擎天崗遊客服務站	02-28615404
大屯遊客服務站	02-28617294
冷水坑遊客服務站	02-28617934
陽明書屋遊客服務站	02-28611444
天溪園生態教育中心	02-28414855
菁山自然中心	02-28617904

不可不知的八件事.................

7 無痕山林

親近山林應有關懷土地與生態保育的觀念與態度，因此山友們應秉持下列的原則，盡力減緩對大自然環境的衝擊與影響。

(1) 事前規劃與準備

走入自然環境前，預先蒐集當地相關資訊，做好計畫與準備，避免因不瞭解造成環境的傷害。

(2) 在可以承受地點行走

健行或登山時，待在指定的步道上；不走捷徑，並儘可能留下最輕的足跡。

(3) 適當維護環境、處理垃圾

攜帶適量的裝備與食物，並帶出所有攜入的物品，妥善處理無法攜出的棄物。

(4) 不取走任何資源

致力保持造訪地點的原始風貌，不任意改變當地自然與人文環境，也不取走任何自然資源。

(5) 減低對環境的衝擊

不輕易生火，若有必要亦應使用對環境傷害最少的器具照明。

(6) 保育自然環境與野生物

大自然是各種生物的家，尊重並盡量不影響其生活習慣，不任意餵食動物、不破壞植栽及林木。

(7) 尊重其他的山林使用者

與他人分享山林環境，尊重他人獨處所需的寧靜，審慎思考自己的行為對環境和他人的影響。

8 大型車輛禁止行駛路段

(1) 登山路（十八份至中正山登山口）
(2) 百拉卡公路（101甲縣道）
(3) 湖底路
(4) 竹子湖產業道路（竹子湖社區）
(5) 中正山產業道路
(6) 中湖道路及擎天崗道路
(7) 中興路（陽明公園至陽明書屋）
(8) 新園街連絡道（菁山路101巷71弄）

以上路段各重要路口皆設有禁止大型車輛進入標誌，違規進入者最高可罰鍰新台幣15,000元，請駕駛朋友特別注意。

大型車輛禁止行駛路段圖

台北縣市政府為交通公告之主管機關

你準備好了嗎

登山基本裝備

(1) 登山鞋襪

登山鞋必須兼具防滑、防水及透氣功能，選擇合腳並搭配柔軟舒適的登山棉襪，保護足部及腳踝。

(2) 雙肩背包

選擇雙肩寬背帶及有腰帶、防水之背包，可調整貼合背部，減輕肩部負擔。

(3) 衣著與帽子

採洋蔥式穿著，選擇三層式具排汗透氣服裝及排汗透氣內外褲，先穿薄層運動衫，再套長袖衫、外套，方便視氣溫機動調整衣褲；並戴帽緣較寬、防晒、防寒之帽子，輕鬆活動在山野間。

(4) 水和糧食

視行程長短，攜帶充分的飲水，營養價值高、不易腐敗之食物可以充飢與補充能量，使用輕便無毒容器，裝備輕量化。

(5) 雨具

山區氣候多變，無論出發時是晴天或是陰天，至少要帶一件輕便型雨衣，兩截式雨衣是最好選擇。

(6) 其他

地圖、指北針、GPS、手機、哨子、手套、手杖、小刀、毛巾、衛生紙等。

登山參考裝備

(1) 太陽眼鏡

防止太陽強光紫外線晒傷眼睛或臉部。

(2) 頭燈或手電筒

看夜景或夜間生態觀察時可用，請記得帶備用電池，手搖式充電手電筒亦佳。

(3) 望遠鏡

觀賞遠景、賞鳥等可用。

(4) 防曬用品

防曬乳、防蚊液、保溼乳、隔離霜等。

(5) 醫藥用品

暈車藥、胃腸藥、止痛藥、外用藥、特殊藥。

特殊藥品視個人體質或身體狀況，於行前請醫生開足所需藥量，並告知同行伙伴放置位置。

(6) 其他

旅遊指南、鳥類圖鑑、植物或昆蟲圖鑑、相機、筆記本、筆、隱形眼鏡藥水、生理用品、針線包。

第一層應以具備排汗、快乾、舒適功能的材質製作
第二層應以羊毛、羽毛或人工保暖的材料製作
第三層則以能抵擋風雨、排出身體所散發之水氣的材料製作

步道總覽..........

■步道系統分色說明

大屯山系 P.23

大屯主峰．連峰步道 (P.26)
百拉卡鞍部登山口→清天宮登山口

中正山步道 (P.33)
中正山第一登山口→十八份登山口

二子坪步道 (P.41)
二子坪步道口↔二子坪

面天山步道 (P.49)
面天山登山口(二子坪)→興福寮真聖宮登山口

菜公坑山步道 (P.59)
菜公坑山第一登山口→菜公坑山第二登山口

七星山系 P.67

七星主峰．東峰步道 (P.70)
小觀音登山口→苗圃登山口

冷水坑環形步道 (P.79)
冷水坑登山口→冷水坑遊客服務站

紗帽山步道 (P.87)
紗帽路北登山口→紗帽路南登山口

擎天崗系 P.95

絹絲瀑布步道 (P.98)
菁山路登山口→擎天崗遊客服務站

金包里大路(魚路古道) (P.105)
擎天崗城門→天籟社區入口(一重橋)登山口

擎天崗環形步道 (P.115)
擎天崗嶺頭喦→擎天崗城門→擎天崗嶺頭喦

頂山．石梯嶺步道 (P.123)
擎天崗遊客服務站→風櫃口登山口

坪頂古圳步道 (P.131)
平等里步道口→坪頂古圳步道口站

人車分道 P.139

陽金公路人車分道 (P.142)
陽明山公車總站→七星山站

百拉卡公路人車分道 (P.149)
七星山站→二子坪遊客服務站

冷水坑．擎天崗人車分道 (P.156)
冷水坑遊客服務站→擎天崗草原

七星山站至冷水坑人車分道 (P.163)
七星山站→冷水坑遊客服務站

菁山路及新園街人車分道 (P.170)
陽明山站→冷水坑遊客服務站

陽明山國家公園
步道系統圖

烘爐山 656
菜公坑山 887
百拉卡山 909
二子山 896
面天山 977
向天山 949
大屯西峰 982
大屯南峰 957
中正山 646

高程設色

800-1000
600-800
400-600
200-400
0-200

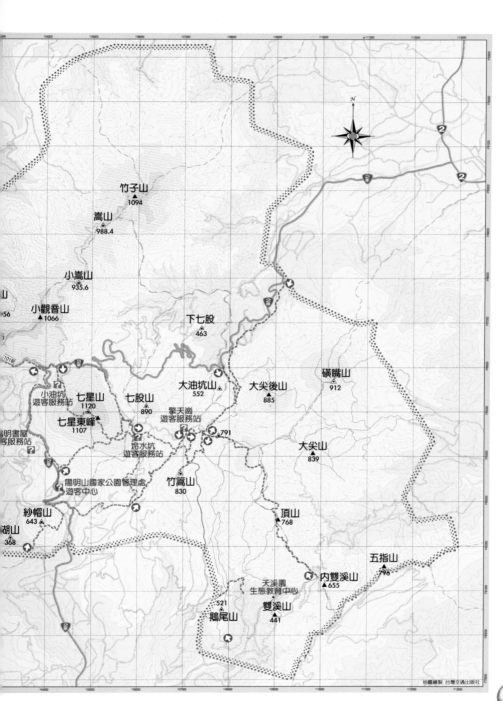

竹子山
▲
1094

嵩山
▲
988.4

小嵩山
▲
935.6

小觀香山
▲1066

下七股
▲
463

磺嘴山
▲
912

大油坑山
552
▲

大尖後山
▲
885

七星山
1120
▲

七股山
▲
890

擎天崗
遊客服務站

小油坑
遊客服務站

七星東峰
▲
1107

明書屋
客服務站

冷水坑
遊客服務站

791

大尖山
▲
839

陽明山國家公園管理處
遊客中心

竹篙山
▲
830

紗帽山
643 ▲

頂山
▲
768

湖山
▲
368

五指山
▲
796

天溪園
生態教育中心

內雙溪山
▲ 655

521
▲

雙溪山
▲
441

鵝尾山

步道區位與交通資訊 ·············

編號	步道名稱	園區位置	交通資訊
1	大屯主峰‧連峰步道	西南方	二子坪站：108 清天宮站：小6
2	中正山步道	西南方	水尾站：小9、小8 十八份站：小7、小8、小9、小26
3	二子坪步道	西方	二子坪站：108
4	面天山步道	西方	二子坪站：108 清天宮站：小6
5	菜公坑山步道	西方	二子坪站：108
6	七星主峰‧東峰步道	南方	遊客中心(陽明山第二停車場)站：小8、小9、108、皇家客運 陽金公路小油坑站：皇家客運
7	冷水坑環形步道	南方	小油坑站：108　　中湖站：108、皇家客運 冷水坑站：小15正、108
8	紗帽山步道	南方	陽明山站：230、260正區、小8、小9、紅5、皇家客運 陽明山公車總站：紅5、108、260正區　教師中心站：230
9	絹絲瀑布步道	南方	絹絲瀑布站：小15區　菁山小鎮站：小15正、108 冷水坑、擎天崗站：小15正、108
10	金包里大路(魚路古道)	東方	上磺溪橋站、天籟溫泉會館站：皇家客運 擎天崗站：小15正、108
11	擎天崗環形步道	東南方	擎天崗站：小15正、108 冷水坑站：小15正、108
12	頂山‧石梯嶺步道	東南方	擎天崗站：小15正、108 風櫃口站：市民小巴1
13	坪頂古圳步道	東南方	坪頂古圳步道口站：小18 內厝站：小19
14	陽金公路人車分道	南方	陽明山公車總站：紅5、108、260正區　　二子坪站：108
15	百拉卡公路人車分道	南方	陽明山：230、260正區、小8、小9、紅5、皇家客運 七星山站：108、皇家客運
16	冷水坑‧擎天崗人車分道	南方	七星山站：108、皇家客運 陽金公路小油坑站：皇家客運
17	七星山站至冷水坑人車分道	南方	小油坑站：108　　中湖站：108、皇家客運 冷水坑站或擎天崗站：小15正、108
18	菁山路及新園街人車分道	南方	陽明山站：230、260正區、小8、小9、紅5、皇家客運 冷水坑：小15正、108　絹絲瀑布站：小15正區、108 教師中心站：230

108遊園公車於陽明山公車總站轉乘，每日07：00-17：30行駛於本園區，歡迎遊客多加利用。(園區交通資訊詳附錄178頁)

步道分級與步行時間

編號	步道名稱	步道分級		步道長度	步行時間（估算）
1	大屯主峰‧連峰步道		山友級	5.4k	4小時20分鐘
2	中正山步道		健腳級	4k	3小時
3	二子坪步道		無障礙級	1.8k	80分鐘往返
4	面天山步道		健腳級	4.2k	3小時
5	菜公坑山步道		親子級	1.5k	50分鐘
6	七星主峰‧東峰步道		健腳級	5.7k	3小時15分鐘
7	冷水坑環形步道		親子級	2.5k	1小時20分鐘
8	紗帽山步道		健腳級	3.2k	1小時30分鐘
9	絹絲瀑布步道		親子級	2.2k	1小時30分鐘
10	金包里大路(魚路古道)		健腳級	6.6k	4小時30分鐘
11	擎天崗環形步道		親子級	2.4k	50分鐘
12	頂山‧石梯嶺步道		健腳級	6.6k	3小時
13	坪頂古圳步道		親子級	2.3k	1小時15分鐘
14	陽金公路人車分道		健腳級	5.2k	3小時35分鐘
15	百拉卡公路人車分道		健腳級	2.5k	1小時20分鐘
16	冷水坑‧擎天崗人車分道		親子級	1.8k	1小時10分鐘
17	七星山站至冷水坑人車分道		健腳級	4.1k	1小時35分鐘
18	菁山路及新園街人車分道		健腳級	5.2k	2小時45分鐘

步道高低差比較表

編號	步道名稱	最低海拔（公尺）	最高海拔（公尺）	步道高低差（公尺）	高差排序
1	大屯主峰‧連峰步道	465	1092	627	1
2	中正山步道	280	850	570	4
3	二子坪步道	817	842	25	18
4	面天山步道	404	977	573	3
5	菜公坑山步道	814	887	73	15
6	七星主峰‧東峰步道	536	1120	584	2
7	冷水坑環形步道	736	904	168	12
8	紗帽山步道	350	643	293	8
9	絹絲瀑布步道	560	757	197	11
10	金包里大路(魚路古道)	262	760	498	5
11	擎天崗環形步道	737	811	74	16
12	頂山‧石梯嶺步道	610	865	255	9
13	坪頂古圳步道	260	490	230	10
14	陽金公路人車分道	440	762	322	6
15	百拉卡公路人車分道	763	856	93	13
16	冷水坑‧擎天崗人車分道	714	765	51	17
17	七星山站至冷水坑人車分道	739	819	80	14
18	菁山路及新園街人車分道	440	745	305	7

步道縱斷面比較圖(一) •••••••••••••••••••••••••••

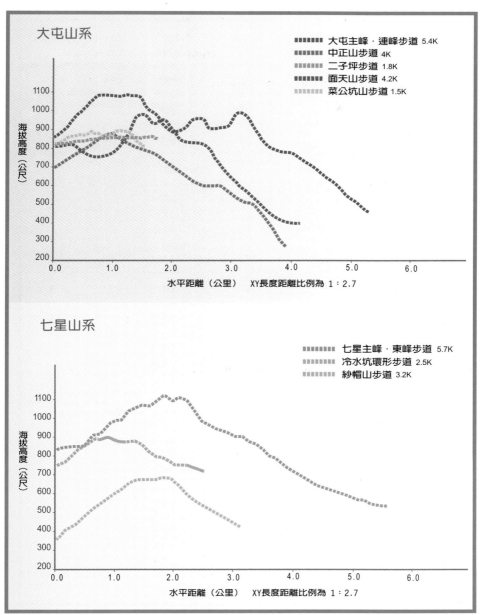

大屯山系

■■■■■■ 大屯主峰・連峰步道 5.4K
■■■■■■ 中正山步道 4K
■■■■■■ 二子坪步道 1.8K
■■■■■■ 面天山步道 4.2K
■■■■■■ 菜公坑山步道 1.5K

海拔高度（公尺）

水平距離（公里）　XY長度距離比例為 1：2.7

七星山系

■■■■■■■ 七星主峰・東峰步道 5.7K
■■■■■■■ 冷水坑環形步道 2.5K
■■■■■■■ 紗帽山步道 3.2K

海拔高度（公尺）

水平距離（公里）　XY長度距離比例為 1：2.7

步道縱斷面比較圖（二）

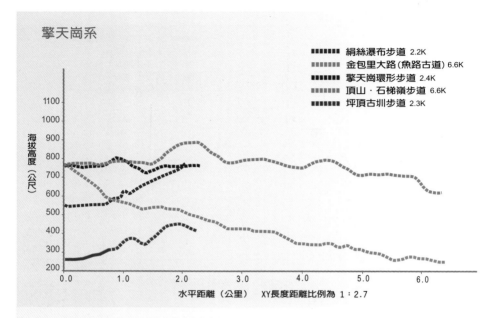

擎天崗系

■■■■■■ 絹絲瀑布步道 2.2K
■■■■■■ 金包里大路（魚路古道）6.6K
■■■■■■ 擎天崗環形步道 2.4K
■■■■■■ 頂山・石梯嶺步道 6.6K
■■■■■■ 坪頂古圳步道 2.3K

海拔高度（公尺）

水平距離（公里） XY長度距離比例為 1：2.7

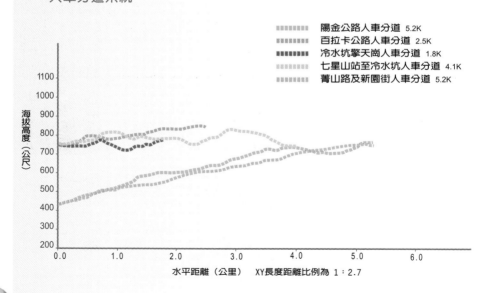

人車分道系統

■■■■■■■ 陽金公路人車分道 5.2K
■■■■■■■ 百拉卡公路人車分道 2.5K
■■■■■■■ 冷水坑擎天崗人車分道 1.8K
■■■■■■■ 七星山站至冷水坑人車分道 4.1K
■■■■■■■ 菁山路及新園街人車分道 5.2K

海拔高度（公尺）

水平距離（公里） XY長度距離比例為 1：2.7

位置圖

竹子山
陽明山國家公園
往三芝
往金山
大屯山
七星山
擎天崗
硫磺山
管理處及遊客中心
往台北

大屯山系

大屯火山群保存了台灣本島唯一的一塊火山地型,她有珍貴罕見的火山外貌景觀,如複式火山、錐狀火山、火山口、火口湖與地熱噴氣孔...等,其中大屯山系林相豐富,迎向東北季風的山坡面遍生白背芒和箭竹,而暖溫帶闊葉林、亞熱帶次生林和人工林亦分層交織,展現出四季不同的風貌;更由於物種的多元而形成不同的生態環境,因此蘊育出豐富的動植物資源。

【大屯主峰·連峰步道】
　百拉卡鞍部登山口→清天宮登山口

【中正山步道】
　中正山第一登山口→十八份登山口

【二子坪步道】
　二子坪步道口⇆二子坪

【面天山步道】
　面天山登山口(二子坪)→興福寮真聖宮登山口

【菜公坑山步道】
　菜公坑山第一登山口→菜公坑山第二登山口

細説大屯家族‧‧‧‧

大屯山位於陽明山國家公園範圍西邊，山脈走向自北向南、西南延伸，著名山頭包括大屯主峰、西峰、南峰、中正山、面天山、向天山、百拉卡山、菜公坑山及烘爐山等，其間有百拉卡公路橫越山脈北稜、登山路穿過山脈東南稜；山稜高處有民航局助航站、氣象局測候所、電視衛星發射台等設施，西麓隔著火山堰塞湖—竹子湖與七星山脈遙遙相望。

▌大屯主峰 1,092公尺

雄偉的山勢突出於眾山之中，頗富王者氣慨，在大屯群山中雖比七星山、竹子山及七星山東峰稍低，卻是最具代表的一座。

▌大屯西峰 982公尺

西峰位於南峰與面天山之間，自台北望去山形尖銳如刀，若從大屯南峰望去卻成了圓頭山，山上多處佈滿巨石，芒草叢生。

遠眺大屯西峰

▌大屯南峰 957公尺

南峰山形渾圓，無特異之處，秋日起霧、峰頂展望不佳，往主峰後段陡坡，對喜歡爬山的遊客算是一段真正有流汗的路程。

▌中正山 646公尺

為大屯南峰延伸之支稜，山頂林木蔥翠、展望良好。中正山自十八份登山口至峰頂僅約2公里，卻由海拔270直昇至646公尺，落差達376公尺，筆直的路徑山友不可小看此山。

▌菜公坑山 887公尺

為大屯主峰北伸的支稜，以山上的巨型「反經石」而出名，雖步道大部份皆在林蔭中，卻是動植物資源豐富的保育步道。

▌面天山 977公尺

山頂渾圓、佈滿低矮箭竹與芒草，有座電訊建築，遠觀極容易辨識；與大屯西峰鞍部相連處稱為面天坪，有高大針葉林圍繞，逢雲霧低迷之際景象如騰雲駕霧般。

遠眺面天山

▌向天山 949公尺

位於大屯山系的最西邊，與面天山隔鞍對峙，山形皆圓滑，遠看就像兩個和尚頭。向天山峰頂展望良好，腰間有一名為「向天池」的碗形火山口，佈滿綠草，豪大雨後總短暫積水。

大屯山展望平台

大屯山在那裡？

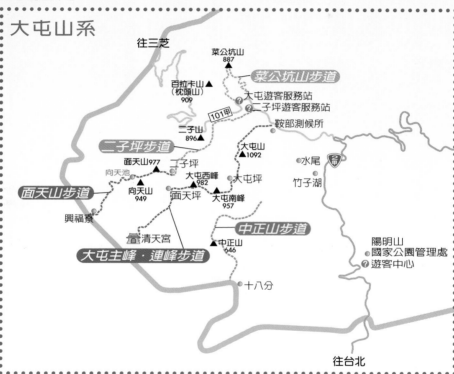

大屯山系

往三芝

菜公坑山
887 ▲

菜公坑山步道

百拉卡山
(枕頭山) ▲
909

101甲

大屯遊客服務站
二子坪遊客服務站
鞍部測候所

二子山
896 ▲

大屯山
▲1092

二子坪步道

水尾

面天山977 ▲ 二子坪

向天池

大屯西峰
982

大屯坪

竹子湖

面天山步道

向天山 ▲
949

面天坪

大屯南峰
957

興福寮

中正山步道

陽明山
國家公園管理處
遊客中心

清天宮

中正山 ▲
646

大屯主峰 · 連峰步道

十八分

往台北

大屯主峰‧連峰步道

■■攀登路徑■■

攀登大屯山主峰，一般由百拉卡公路（即101甲縣道），大屯山北稜鞍部停車場對面登山口進入，或沿著大屯山車道（昔日軍用車道）上山，車道從二子坪遊客服務站前進入，路程雖較遠，但坡度較平緩，

百拉卡鞍部登山口

如果以登山活動為目的，應走步道為宜。若是從北投方向清天宮登山口攀登，攀登高度反而多出300餘公尺，山友須衡量自我體力，慎選路線。

自北稜鞍部登山步道上山，步行約1小時即可登頂，步道沿著昔日的防火巷路線上行，塊石步徑緩陡坡上升，先是箭竹夾道，後是穿越芒草坡，一路走來須適時的喘息，也可佇足欣賞山腰不同的風貌景觀。行到半山處有一休憩涼亭，步道和車道緊鄰，涼亭可稍作休息兼賞景，在此處可變換登頂途徑。

主峰步道穿越芒草坡

登上大屯主峰，可以飽覽群山環繞的大台北都會景觀，東邊眺望七星山，南邊

步道途中近車道旁休憩涼亭

鳥瞰大屯南峰、西峰及台北市西邊淡水河與出海口一覽無遺，偶有難得一見的「大屯雲海」景象。這裡同時也是大屯夕照的最佳觀景點；在晴朗的傍晚、當夜幕低垂時，大屯星空和台北夜景，經常吸引民眾驅車前來觀賞，因車道可直達山頂，交通非常方便。

主峰眺望西峰、南峰及台北盆地景象

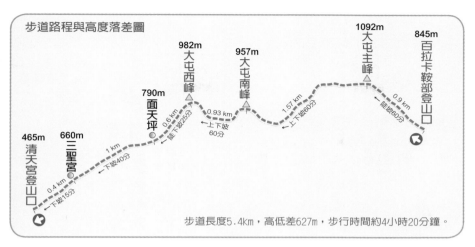

步道路程與高度落差圖

1092m
大屯主峰

982m
大屯西峰

957m
大屯南峰

845m
百拉卡鞍部登山口

790m
面天坪

465m
清天宮登山口

660m
三聖宮

0.6 km
陡下坡25分

0.93 km
上下坡60分

1.57 km
上下坡60分

0.9 km
陡坡60分

1 km
下坡40分

0.4 km
下坡15分

步道長度5.4km，高低差627m，步行時間約4小時20分鐘。

大屯山最高點是聯勤測量隊所立二等三角點，內補006號，海拔1,092公尺處，唯該三角點在禁區鐵絲網內的土丘上，所以一般都以大屯助航站前的大縱走木樁之拓牌為登頂標的。特別叮嚀遊客，登頂攬勝須注意強風與低溫，逗留的時間不宜過久，下山時更須注意行的安全。

自大屯主峰助航站觀景平台旁，循著步道而下，塊石步道急陡坡，落腳要小心，行至指標叉路口，指標一往大屯坪、一往南峰，本段介紹行程為前往南峰之步道。過大屯坪叉路口不遠處，會進入杉木林區，塊石步道變為自然泥土路，往後路段一直到面天坪附近，步道都是如此，這是為了特地保留此段步道原貌，讓遊客體驗一下自然土路！

緩坡上南峰，峰頂除了亂石幾顆外還有一顆北市編號246基石，續行往南峰有一段陡峭坡，手腳並用攀爬而下，還好步道有攀繩，難怪登頂前，迎面而來的山友總問「有沒有帶手套？」。接山腰路指標叉路口，左往中正山、右往西峰，在往西峰途中另一個指標叉路口，立有一個敬告遊客的牌子，內容為「本區步道崎嶇，天雨路滑，請注意落石，攀登繩索限制10人，體能不佳及年老婦孺，請勿登山，以免發生危險。」

下西峰步道拉繩路段

連峰步道往南峰自然泥土步道

離開南峰往西峰陡峭坡攀繩路段

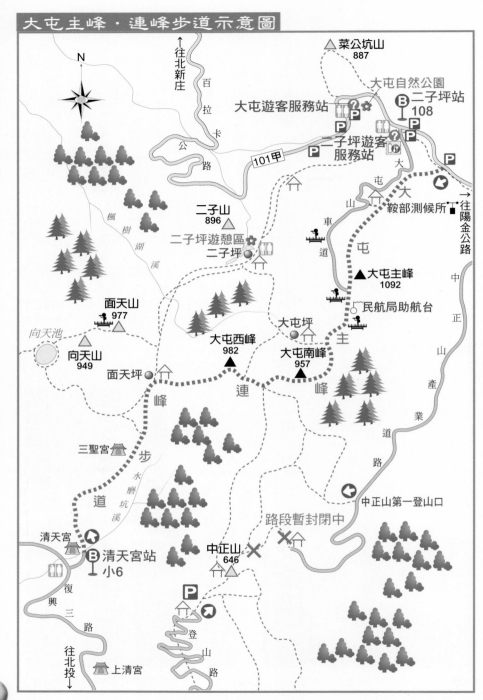

大屯主峰·連峰步道示意圖

N

往北新庄↑

百拉卡公路

△菜公坑山
887

大屯自然公園

大屯遊客服務站

🅱二子坪站
108

二子坪遊客服務站

101甲

二子山
896 △

二子坪遊憩區
二子坪

車道

鞍部測候所

→往陽金公路

大屯山

屯

主

▲大屯主峰
1092

民航局助航台

楓樹湖溪

面天山
977

向天池

向天山
949

大屯坪

大屯西峰
982 ▲

大屯南峰
957 ▲

面天坪

峰

連

連峰步道

三聖宮

中正山產業道路

水磨坑溪

中正山第一登山口

路段暫封閉中

清天宮

🅱清天宮站
小6

中正山
646 △

復興三路

登山路

往北投↓

上清宮

大屯主峰‧連峰步道地形圖

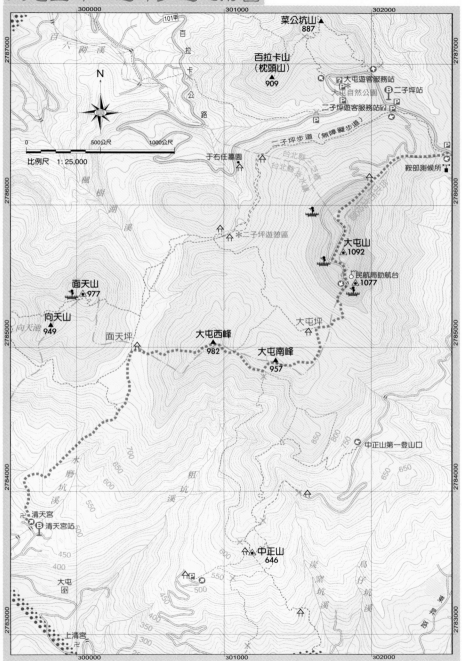

菜公坑山 ▲
887

百拉卡山
（枕頭山）
▲
909

大屯遊客服務站
大屯自然公園
二子坪站
二子坪遊客服務站

二子坪步道（無障礙步道）

鞍部測候所

于右任墓園

台北縣 政府
台北縣 陽明山 管理處

二子坪遊憩區

大屯山
▲1092

民航局助航台
▲1077

面天山
▲977

大屯坪

向天山
949

向天池

面天坪

大屯西峰
982

大屯南峰
957

中正山第一登山口

850

800

750

700

650

600

550

清天宮
清天宮站

450

400

大屯

粗坑溪

650

650

500

中正山
▲646

550

600

上清宮

350

300

炭窯坑溪

鳥仔坑溪

N

0   500公尺   1000公尺

比例尺 1:25,000

白六砌溪

101甲

百拉卡公路

檳樹湖溪

水磨坑溪

遠眺面天山與大屯西峰

西峰較具挑戰性，上下皆有攀繩路段，尤其接近峰頂有一段亂石步道，請小心通過。西峰的基點，北市編號488不鏽鋼片釘在基石上，峰頂大石壘壘，佇立其上環顧四周展望尤佳。大屯南峰、西峰與淡水河對岸的觀音山都是屬於錐狀火山體，迎風面只生長低矮的箭竹或白背芒，背風面則是闊葉林或人造杉木林，下西峰步道即穿越在雜木林中，盤錯在地面上的樹根，反倒阻擋了不少溼滑的山坡路，讓人走起來安全多了。

從面天坪順著塊石步道下來，沿途林相由暖溫帶闊葉林漸漸轉變成竹林與果園，約1小時左右便可抵達步道口清天宮了，廟前的老榕樹是受「台北市樹木保護自治條例」保護的老樹，頗值得特別留意觀賞；廟前公車小6站，遊客可搭乘前往捷運北投站轉乘大眾運輸工具返回。

清天宮

■■ 交通資訊 ■■■■■■■

🚌 大眾運輸

1. 二子坪站：108（遊園公車）
2. 清天宮站：小6（北投至清天宮）
3. 陽明山公車總站：紅5（捷運劍潭站至陽明山）、108（遊園公車）、260正區（東園、台北車站至陽明山）
4. 陽明山站：紅5（捷運劍潭站至陽明山）、230（捷運北投站至陽明山）、260正區（東園、台北車站至陽明山）、小8（石牌至竹子湖）、小9（復興站至竹子湖）、皇家客運（台北至金山）

＊108遊園公車於陽明山公車總站轉乘

🚗 自行開車

國道1號→重慶北路（台北）交流道下→重慶北路→中正路→仰德大道→陽金公路→101甲縣道（百拉卡公路）→大屯山鞍部停車場

🅿 停車場

1. 大屯山鞍部停車場（大屯山登山口對面）
2. 大屯公園1號停車場（右/路北）
3. 大屯公園2號停車場（左/路南）
4. 大屯停車場（大屯遊客服務站旁，限行動不便人士專用）
5. 二子坪1號停車場（大屯山車道入口處）
6. 二子坪2號停車場（二子坪1號停車場對面）

遊憩景點

大屯山

大屯山為北台灣名山之一，由台北盆地舉頭北望，可瞧見她挺拔的雄姿；而若登臨山頂的展望台，則更可遠眺關渡平原、淡水河、基隆河、觀音山、七星山、北海岸等景緻，視野開闊而壯麗。

動物生態

青斑蝶（大絹斑蝶）

在眾多蝴蝶種類中，青斑蝶是每年賞蝶季中捷足先登的蝶種；5月梅雨季時，二子坪停車場往大屯主峰的車道兩旁，可見許多青斑蝶忘情吸吮著島田氏澤蘭的花蜜，形成一種特殊的生態景觀。

五色鳥

因身上有紅、黃、黑、藍、綠五種顏色而得名，又因有一副類似敲木魚的嗓音ㄍㄨㄛ、ㄍㄨㄛ、ㄍㄨㄛ，因此又得到「花和尚」的趣名。築洞巢在闊葉林的枯樹上，以漿果為主食。

植物生態

狹瓣八仙

虎耳草科，灌木至小喬木，葉十字對生，葉面黃綠色，弧形羽狀脈，與中肋交接處茸毛較多。花

期5～7月，看似花瓣的白色部分，是花萼變形而成的苞片，花瓣黃色而小，毫不起眼，故以誇大的苞片來吸引傳粉者。

紅楠

陽明山區最具代表性且數量最多的木本植物就是紅楠，春天綻放紅色挺立如豬腳般的芽苞，極為醒目，因此又叫做豬腳楠，它經常與其它闊葉樹混生而成大片樹林。

疏葉卷柏

這是蕨類植物中相當獨特的一種，莖枝前端會生出孢子囊穗，用來繁衍族群，是一種向外蔓延性生長的植物，在陽明山區海拔800至1100公尺間，濕暖的林區內聚生成群，大片鱗片形葉瓣間隔生長，翠綠動人。

草蟬

位於大屯山的芒草原，每年4月至8月常可聽到草蟬ㄗ、ㄗ、ㄗ的鳴叫聲，尤其位於主峰步道兩側旁，當雄蟬求偶之際，會發出很大的蟲鳴聲，藉以引來雌蟬的注意，草蟬身體外觀為綠色，棲息於綠葉上，往往不易被察覺，除非牠發出高亢的鳴叫聲。

我的登山記錄
地點：
時間：

 = 健腳級

中正山步道

■ 攀登路徑 ■

　　中正山位於大屯南峰南邊斜山脊延伸下來的肩狀稜上，海拔646公尺，山頭獨立，原名彌陀山，又叫十八份山或大竿林山。過去國人為表達對先總統 蔣公的崇敬，曾在南麓的山坡地，成排植樹經修整為「中正」兩個大字，從台北市區遠望過去，清晰可見，當時並改名為中正山，後因保育生態意識彰顯，而取消每年修整「中正」二字的排樹，讓樹群自然生長，

登山路底小土地公廟旁登山口

因此「中正」字形樹便不再現。

中正山第一登山口

　　中正山稜脈多處與產業道路穿梭串連，因此有多處登山口，一般民眾常走的登山口有四個，除了由東北麓竹子湖方向的第一登山口進入外，也可自南邊登山路端十八份登山口起登。由水尾站循竹子湖產業道路到東北麓第一登山口起登，經中正山到十八份登山口（立祥商店旁巷口），應算是步道主線。另從西南邊登山路底涼亭停車場、小土地公廟旁的登山口

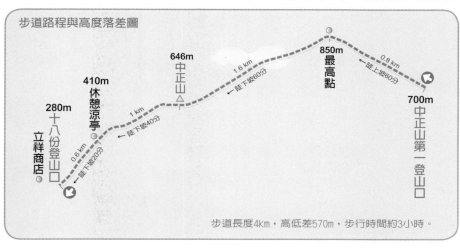

步道路程與高度落差圖

646m
中正山△

410m
休憩涼亭

850m
最高點

280m
十八份登山口

立祥商店

700m
中正山第一登山口

1.6 km　← 陡下坡60分

0.8 km　← 陡上坡60分

1 km　← 陡下坡40分

0.6 km　← 陡下坡20分

步道長度4km，高低差570m，步行時間約3小時。

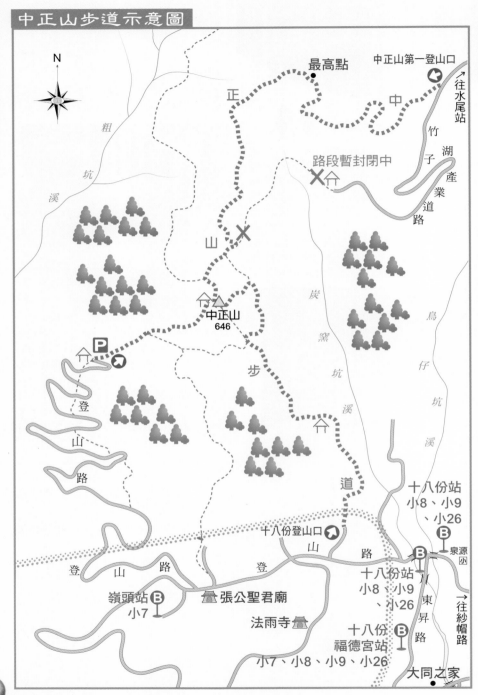

中正山步道示意圖

N

最高點

中正山第一登山口

往水尾站

竹子湖產業道路

中

粗坑溪

正

路段暫封閉中

山

炭窯坑溪

鳥仔坑溪

P

中正山
646

步

登

道

山

路

十八份站
小8、小9、小26

B

泉源小

十八份登山口

山

路

登

十八份站
小8、小9、小26

登

山

路

嶺頭站
小7

B

張公聖君廟

法雨寺

東昇路

往紗帽路

十八份福德宮站
小7、小8、小9、小26

B

大同之家

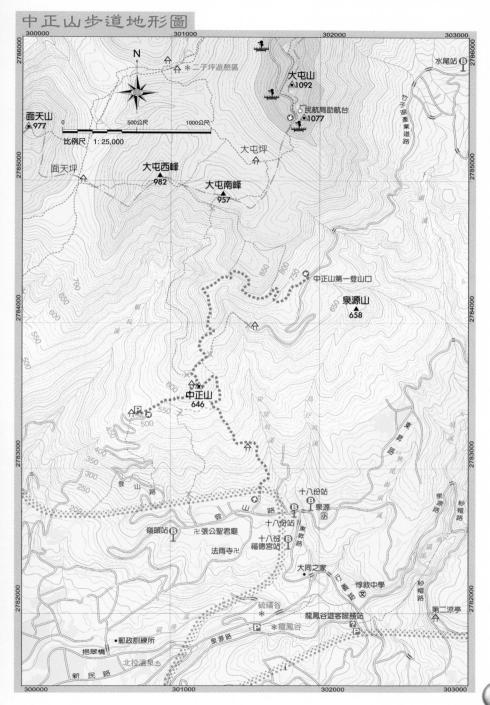

中正山步道地形圖

N

二子坪遊憩區

大屯山
▲1092

民航局助航台
1077

面天山
▲977

0   500公尺   1000公尺

比例尺 1:25,000

大屯坪

面天坪

大屯西峰
▲982

大屯南峰
▲957

中正山第一登山口

泉源山
▲658

中正山
▲646

P

十八份站
十八份站
泉源
十八份
福德宮站

嶺頭站

張公聖君廟

法雨寺

大同之家

惇敘中學

硫磺谷

龍鳳谷遊客服務站

第二涼亭

郵政訓練所

龍鳳谷

挹翠橋

北投溫泉

新民路

水尾站

中正山塊石步道

起登，路程僅500公尺即登頂，是條老少咸宜的登山路線，也是本步道的支線路線。

本主線步道，自水尾公車站起，沿著產業道路續行，前段每逢假日及海芋花季，人車擁擠須小心通行，過幾個單行道叉路入口後，車群逐漸散去，因實施環形交通管制，步行約40餘分鐘，第一登山口

中正山步道途中綠林隧道

指標明顯的出現在道路旁；另有第二登山口步道因崩塌設有暫時封閉的警示牌，石階步道緩坡直上，路徑穿梭綠蔭底下，步道護欄修築完善，每隔約200公尺就有路標里程標示，從登山口起到觀景平台2.1公里，沿途在路標上有完整編號，以便緊急事故時利於通報。

從第一登山口起登約0.9公里處，高度

中正山觀景平台有步道人文與生態介紹

約850公尺即是本步道最高點。在穿過竹林走入一段綠林隧道後，便來到第一登山口步道和第二登山口步道的交會處，這時距觀景平台已不遠了。

中正山的觀景平台，堪稱是本園內最有看頭的觀景駐腳點，高腳木造圍欄

中正山觀景平台遠眺

建築，造形樸實、古色古香，樓中樓有四層，最頂層是半圓形平台，除地形解說牌外，還有一座「本區常見盤旋的猛禽」解說牌，包括有大冠鷲、灰面鵟、蜂鷹、鳳頭蒼鷹、台灣松雀鷹等的解說；第三層有一涼亭，第二層半開放式平台，有面植被解說牆，最底層也是半開放式，同樣有中正山區的蝴蝶解說牆，長條坐椅讓遊客休憩歇腳；平台前

觀景平台往登山路登山口段步道涼亭

方紅磚泥地小圓廣場圍繞著坐椅，常有闔家野餐的遊客。登上樓頂居高臨下，可遠眺淡水河與觀音山的山水景觀，紗帽山、龍鳳谷、丹鳳山區、北投、新北投及關渡平原一覽無遺，還能近觀枝頭樹梢群鳥翱翔，如果天氣晴朗時，也能看盡群山環繞的台北盆地風光。

步道口右側路旁有顆中正山圖根點基石，山友們總喜歡輕觸它、或合照以示登頂。中正山步道沿線有多處竹林及果園，是一條民風淳樸的登山路徑，竹林是防風的圍籬，果園則是居民所種的桶柑園，成熟季節裡全家出動，一來步道登山健行，亦可當採果之旅，不失自然野趣的休閒生活。每當6、7月蝶季來臨時，步道途中常有毛毛蟲垂掛在步徑樹梢，一不小心就會滑落臉上，也成為本步道的特有景象，當

步道沿線竹林

中正山觀景平台

中正山塊石步道

毛毛蟲化為蝶或蛾、飛舞在林間，才真是令人目不暇給。續行路過一處地藏王菩薩庵，地勢開闊展望尤佳，路段開始陡坡階梯，有扶手協助上下之護欄，陡坡路長，上得辛苦下得也未必輕鬆，半路茶水站為好心的人士所供應，讓山友一路走來倍感溫馨。經過一片竹林路徑即抵休憩涼亭，

登山路登山口段步道

夏日午後常有大雨，涼亭成為臨時避雨處，至高點可眺望登山路蜿蜒車道，看見公路時，就快可抵達十八份登山口了，路口商店門口貼有車班時刻表，路口沒設站牌，不過山區路段公車隨招隨停；搭小7公車可達捷運北投站，轉換其他大眾運輸工具。

■■ 交通資訊 ■■■■■■

🚌 大眾運輸

1. 十八份站：小8(石牌至竹子湖)、小9(復興站至竹子湖水尾)、小26(北投站至頂湖)
2. 十八份福德宮站：小7(北投至嶺腳)、小8(石牌至竹子湖)、小9(復興站至竹子湖水尾)、小26(北投站至頂湖)
3. 水尾站：小9(復興站至竹子湖)、小8(石牌至竹子湖)
4. 陽明山公車總站：紅5(捷運劍潭站至陽明山)、108(遊園公車)、260正區(東園、台北車站至陽明山)
5. 陽明山站：紅5(捷運劍潭站至陽明山)、230(捷運北投站至陽明山)、260正區(東園、台北車站至陽明山)、小8(石牌至竹子湖)、小9(復興站至竹子湖)、皇家客運(台北至金山)

＊108遊園公車於陽明山公車總站轉乘

🚗 自行開車

1. 仰德大道→陽金公路→竹子湖→竹子湖產業道路
2. 淡水、三芝→101縣道→101甲縣道(百拉卡公路)→陽金公路→竹子湖→竹子湖產業道路
3. 金山→陽金公路→竹子湖→竹子湖產業道路
4. 北投→新北投→泉源路→東昇路→登山路→中正山停車場

🅿 停車場

中正山停車場(登山路底)

遊憩景點

龍鳳谷

地處紗帽山泉源路東南側，有南磺溪流經，谷地有多處噴氣孔、硫氣孔及溫泉露頭，是行義路溫泉的源頭。民國96年新設龍鳳谷公園，內有步道、生態池、涼亭及廁所，栽種百餘種原生植物和水生植物。

硫磺谷

是北投磺港溪的上游，谷地長約1公里，寬約80至200公尺，谷內密佈噴氣孔、硫氣孔和地熱溫泉，自谷地升起之熱氣，白煙繚繞甚為壯觀，這裡也是北投溫泉的源頭，本處在此設有免費停車場、步道、涼亭、解說亭、眺望平台及簡易流動廁所。

動物生態

大鳳蝶

這是園區常見且大型的美麗蝴蝶，其飛行姿勢十分優雅，是攝影人士口中的紳士蝶。雄蝶無尾突，雌蝶則分為有尾突與無尾突兩型，斑紋的色彩變化十分豐富；出現的旺季約在每年的7月至8月。

台灣獼猴

台灣的特有種保育類，尾長約體長的三分之二，體重約5至12公斤，前肢短、後肢長，尾粗多毛，冬季毛色較灰，夏季則較綠。在陽明山區並不常見，僅曾於鹿角坑、紗帽山、中正山有紀錄。喜愛群居，通常一群約20隻左右，屬雜食性但仍以植物為主。雌猴3歲即成熟，雄猴則到5歲才成熟。

植物生態

楓香

楓香是中正山最主要的林種，又叫楓樹或香楓，是金縷梅科的落葉大喬木，樹幹通直、樹皮灰褐色，單葉掌狀，花期在2月至3月，多用作行道樹、遮蔭樹。

柃木

冬季春初時節開細小白花，花朵為雌雄異株，微香、常吸引蜂蠅傳播花粉為之傳宗接代。葉片深綠、平面互生，硬革質有鋸齒緣；在本島低、中海拔林中可見到，尤其陽明山酸性土壤頗適合其生長，數量豐富。

南燭

又稱鳥飯花；產於台灣中、高海拔山區。七星山及大屯山山區常見，喜光照強、冷涼多濕的環境。芽枝和花枝供花材使用；材葉和果實供藥用，具補腰腳、益陽道效果，宜浸酒飲服。

我的登山記錄
地點：
時間：

心情
點滴

無障礙級

二子坪步道

■攀登路徑■

　　二子坪步道又稱為無障礙步道，全程1.8公里。由於是全國首創獨一無二的山區無障礙步道，在原本林蔭遮蔽，寬敞、

二子坪步道口

舒適的自然步道上，另加一道水泥鋪設，全程無階梯的步道，被形容為五星級，它不在於豪華精緻的雕琢，而在於完善體貼的服務。在入口處的遊客服務站提供免費的輪椅出借，另設有9個講解平台和點字解說牌、兩座休憩涼亭與步道前後兩座無障礙廁所等服務設施，是一條針對行動不便者需求與輔助器材使用等特殊性而規劃設計的步道，讓人人皆可擺脫身心之羈絆，悠遊其間，共享山林之樂。

　　步道從二子坪遊客服務站前開始，路口前方設有管制柵門，無障礙步道往左稍微高繞一點，碎石道路是禁止非公務車輛進入，遊客車輛（含自行車、機車）請停放在入口處停車場，不要違規私闖，以免受罰。步道的前段，無障礙步道與碎石步道同並行，一般遊客請讓出無障礙步道，

二子坪無障礙步道

步道路程與高度落差圖

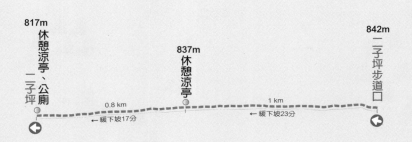

817m
休憩涼亭、公廁
二子坪

837m
休憩涼亭

842m
二子坪步道口

0.8 km　　　　　　　　1 km
← 緩下坡17分　　　　← 緩下坡23分

步道長度1.8km，高低差25m，步行時間約80分鐘（往返）。

二子坪步道示意圖

N

菜公坑山
887

大屯遊客服務站 ❓
大屯自然公園 ✿
二子坪站
Ⓑ108

P 二子坪遊客
服務站 ❓

百

拉

卡

101甲

公

往北新庄 ←

路

坪

步

二

子

屯

山

大

→往陽金公路

P

二子山
896

道

二子坪
遊憩區

二子坪

車

大屯主峰
1092

道

民航局助航台

大屯坪

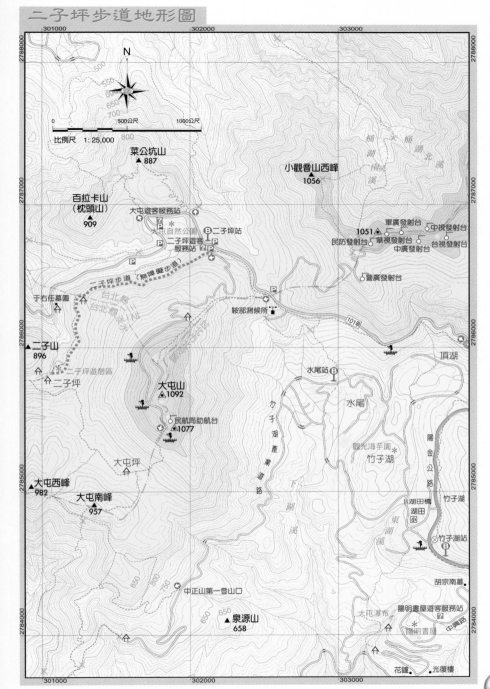

二子坪步道地形圖

禮讓老弱婦孺、行動不便者使用。坡度平緩蜿蜒而行，沿途都是茂密的雜木林，綠蔭蔽天，植物林相豐富，山壁間長滿水鴨腳秋海棠，粉紅色小花綻放在綠葉上特別醒目，如果你仔細觀察水鴨腳

二子坪無障礙步道座椅

二子坪無障礙設施步道

秋海棠的花，會發現它是十分特別的植物；它的花是雌雄同株異花，一棵植株上會看見兩種不同類形的花，要辨識它，只要看到花的下方有一個三角形的子房，就是雌花，反之則為雄花。

行經約0.9公里處，步道呈上下分道，上無障礙道下碎石步道，不遠處有一座涼亭靠近無障礙道，方便行動不便人士使用。二子坪步道雖然距離不長，卻擁有豐富的植物和昆蟲生態，而且各類昆蟲食源充

二子坪無障礙步道

沛，環境適宜蝴蝶的繁衍，成為蝴蝶群聚的地方，因此早期有「蝴蝶花廊」之稱。

在春暖花開、夏日炎炎，抑或秋高氣爽、冬日可愛的一年四季，每逢週休假期，步道上扶老攜幼、親子同行絡繹不絕，儼然成為北部近郊山區最熱門旅遊點之一，不僅如此，往往透過解說人員的解

二子坪景觀

說亦是最佳戶外教學的教室，蟲鳴鳥叫聲不絕於耳，在此可以細細觀賞到野花野草的萬種花情，和尋找到各種昆蟲的生命循環。

不知不覺中已走到了二子坪步道盡頭的遊憩區，園區內地勢寬廣開闊，有三個生態池，是著名的台北樹蛙棲息地，不時可聽到樹蛙求偶的鳴聲，水池周邊解說牌、休憩涼亭、野餐桌椅、公廁等設施俱全。由於地處大屯山的西側背風面，

二子坪景觀解說牌

二子坪遊憩區

常有雲霧籠罩，景色秀麗，加上本區介於亞熱帶與暖溫帶之間，氣候溫和，林相複雜，植物種類繁多，邊緣以紅楠、黑松、楓香為主的林木，頗具蒼山深谷之幽境。亞喬木及灌木層則以台灣山香圓、柃木、樹杞、黑星櫻（墨點櫻桃）、長梗紫麻、尖葉槭及台灣樹參為主，草本層多為姑婆芋、南崁曲蕊馬藍、台灣馬藍、蛇根草、黃花鼠尾草、水鴨腳秋海棠及各種蕨類。目前全區均植有杜鵑、山櫻、小葉赤楠、烏皮九芎，以及多種蝴蝶食草、蜜源植物，還有數十種水生植物，適合賞蝶、賞鳥、登山、健行、賞景、觀察植物等活動。生態池上架有木棧橋。

　　二子坪遊客服務站可借用輪椅，服務時間為上午9時至下午4時30分，遊客應自行斟酌進出步道的時間，步道輕鬆走來費時約40分鐘，如果山友覺得不過癮的話，還可以繼續接支線前進，進入到大屯坪約0.6公里，甚至遠征到2.5公里外的向天池，二子坪步道就是這麼好

玩。有遊客是這麼詮釋二子坪步道的：「二子坪步道不只是全國第一條由專業人士參與規劃的無障礙步道，也是第一條針對視、肢障人士需求而設計的步道，更是邁入國家公園全民化的第一步，如果期望帶著家中的幼兒、年長者或行動不便的家人一起到山中體驗自然，這條平順好走的步道則是最佳的選擇。」當我們行走其間，聆聽著蟲鳴鳥叫時，若能懷著感恩的心，應更能善解及疼惜大自然的一切事物。

步道途中涼亭

■交通資訊■

Ⓑ 大眾運輸

1. 二子坪站：108（遊園公車）
2. 陽明山公車總站：紅5（捷運劍潭站至陽明山）、108（遊園公車）、260正區（東園、台北車站至陽明山）
3. 陽明山站：紅5（捷運劍潭站至陽明山）、230（捷運北投站至陽明山）、260正區（東園、台北車站至陽明山）、小8（石牌至竹子湖）、小9（復興站至竹子湖）、皇家客運（台北至金山）

＊108遊園公車於陽明山公車總站轉乘

🚙 自行開車

1. 仰德大道→陽金公路→101甲縣道（百拉卡公路）→大屯山鞍部停車場→二子坪1號停車場或2號停車場
2. 淡水、三芝→101縣道→101甲縣道（百拉卡公路）→大屯公園停車場→二子坪1號停車場或2號停車場
3. 金山→陽金公路→101甲縣道（百拉卡公路）→大屯山鞍部停車場→二子坪1號停車場或2號停車場

Ⓟ 停車場

1. 大屯山鞍部停車場（大屯山登山口對面）
2. 大屯公園1號停車場（右/路北）
3. 大屯公園2號停車場（左/路南）
4. 大屯停車場（大屯遊客服務站旁，限行動不便人士專用）
5. 二子坪1號停車場（大屯山車道入口處）
6. 二子坪2號停車場（二子坪1號停車場對面）

二子坪往清天宮方向步道

二子坪生態水池

遊憩景點

二子坪遊憩區

二子坪遊憩區地勢寬廣開闊、物種繁多，有多種蜜源、食草植物；親水生態池有多種水生植物，是蛙類的最佳棲息地，蛙鳴蝶舞成爲本區最美妙的影音，本區設有木棧步道與亭台座椅等設施，適合賞蝶、賞鳥、賞景、踏青等活動。

動物生態

枯葉蝶

此蝶前翅碩大，體軀和腹面呈黃褐色，腹面前翅尖端至後翅末端有條縱向條紋，像是枯葉上的葉脈。展翅後翅面有藍色光澤及明亮的橙色帶，頗具恫嚇的功能。此蝶常出現在陰溼的叢林裡，7月間在大屯山區數量較多，以擬態枯葉而逃避敵害，喜歡吸食發酵的水果汁及樹液。

黑端豹斑蝶（斐蛺蝶）

黑端豹斑蝶爲本山區5至8月間數量最多的蛺蝶類，其翅膀爲美麗的橙色底上散生黑色豹紋狀斑點。雌蝶前翅端爲紫黑色具白斑，外型似具毒性的樺斑蝶，其幼蟲以菫菜科的植物爲食，因此成蝶在附近可見。

植物生態

島田氏澤蘭

爲草本植物，單葉十字對生，長披針形，羽狀脈，尾尖長、葉身2至7cm長，鋸齒緣，葉下有許多腺點。澤蘭不像一般菊科的頭狀花序由許多小花集合而成，它由5朵筒狀小花構成。花序泛紅，花枝窄縮密集。花期5至7月。全株有香氣。

青楓

每當秋高氣爽時，青楓的葉子便由黃轉紅，嬌豔迷人增添不少色彩；因幼樹幹皮呈綠色而得名。葉片對生，掌狀5至7裂，呈三角形鋸齒。夏季果實結成，果子隨風滑翔，造型十分可愛。

東方狗脊蕨

台灣境內在海拔1,800公尺以下向陽而潮溼的山林常見，爲多年生草本、中至大型地生性蕨類，孢子囊群分布葉背近葉脈處，陷生於葉肉內，葉面上經常著生有無數易脫落不定小芽體，爲本蕨類之無性繁殖體。

黃花鼠尾草

屬唇形科，葉形單葉，對生，成熟葉爲特殊之頭形，然幼葉則爲卵形，葉柄極長淺黃色，葉身約7公分長，鋸齒緣，葉下綠白色，弧形羽狀脈，網格明顯，花期約在10月間。

我的登山記錄
地點：
時間：

心情
點滴

健腳級

面天山步道

■攀登路徑

面天山步道從二子坪遊憩區之面天山登山口起，行經面天山、向天池，直到興福寮真聖宮止，全程約4.2公里，須從二子坪步道至二子坪遊憩區銜接本步道。在二子坪遊憩區底，有兩三個步道口，兩

二子坪面天山步道起點

株高高的松樹前有指標和路標，分別指向往大屯坪登山口0.6公里、往面天山步道0.8公里

及舊的小山路路口，後面兩條沿路平行，中途交叉後再又平行，但最後還是合而為一，所以山友無論走那一條都是可以通的，這就是通往面天山的起步。一般山友比

較常走塊石步道，階梯上上下下有登山的感覺，如果選擇指標往面天山之步道就是塊石步道，途中會經過一座木棧小橋，橋頭有先民住屋的遺跡。小溪邊常有遊客三五成群在此休憩，濃蔭樹下蟬鳴鳥叫，確是炎炎夏日的避暑好所在。步道穿過杜鵑夾雜山茶花林，濃密枝椏使得步道有如羊腸小徑，竹子在陽明山區處處可見，種

面天山步道近山頂

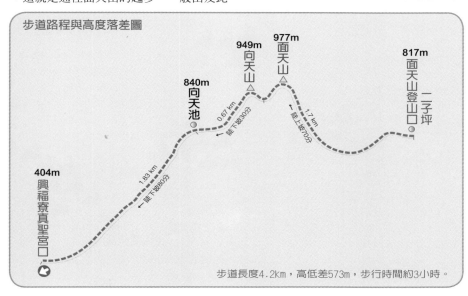

步道路程與高度落差圖

404m
興福寮真聖宮口

1.83 km
（陡下坡80分）

840m
向天池

0.67 km
（陡下坡30分）

949m
向天山△

977m
面天山△

1.7 km
（陡上坡70分）

817m
面天山登山口
二子坪

步道長度4.2km，高低差573m，步行時間約3小時。

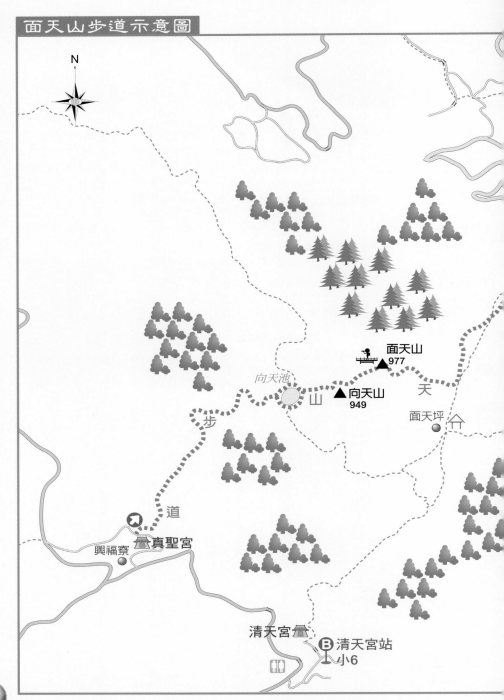

面天山步道示意圖

N

向天池

面天山
977

向天山
949

面天坪

步道

真聖宮

興福寮

清天宮

B 清天宮站
小6

新庄

大屯自然公園

大屯遊客服務站 ❓ ✿

二子坪站
Ⓑ
108

二子坪遊客服務站 ❓
P
P
P
P
↩

P

任墓園

山

🏠

二子坪
遊憩區
✿
🏠

二子坪

往陽金公路 →

鞍部測候所 ■

101甲

水尾站
Ⓑ
小9、小8

水尾 ●

大屯山
△
1092

民航局助航台

竹子湖產業道路

觀光海芋園 ✿
竹子湖 ●

大屯坪 ●

西峰
△
982

大屯南峰
△
957

中正山第一登山口 ↩

路段暫封閉中
✕ 🏠

✕

中正山
🏠 △
646

🏠

面天山步道地形圖

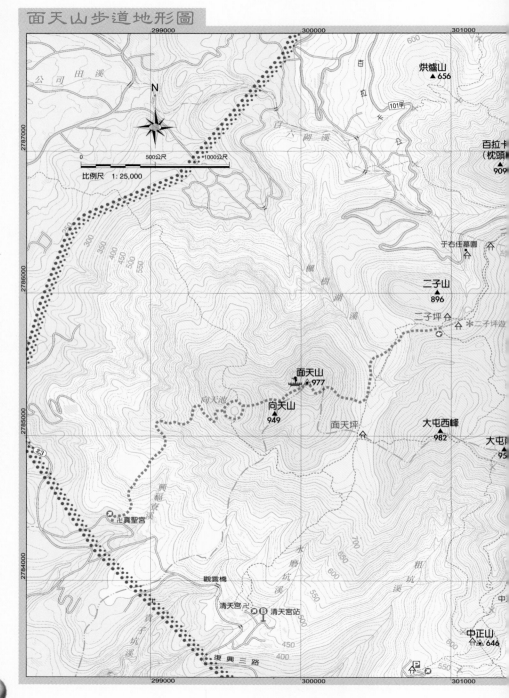

N

0　　　　500公尺　　　1000公尺

比例尺　1:25,000

公司田溪

百拉卡

百六砌溪

楓樹湖溪

烘爐山
▲656

101甲

百拉卡
（枕頭
909

于右任墓園

二子山
▲896

二子坪
二子坪遊

面天山
▲977

向天池

向天山
▲949

面天坪

大屯西峰
▲982

大屯
95

43

興福寮溪

正貢聖宮

水磨坑溪

觀雲橋

清天宮　清天宮站

北貢子坑溪

中正山
▲646

復興三路

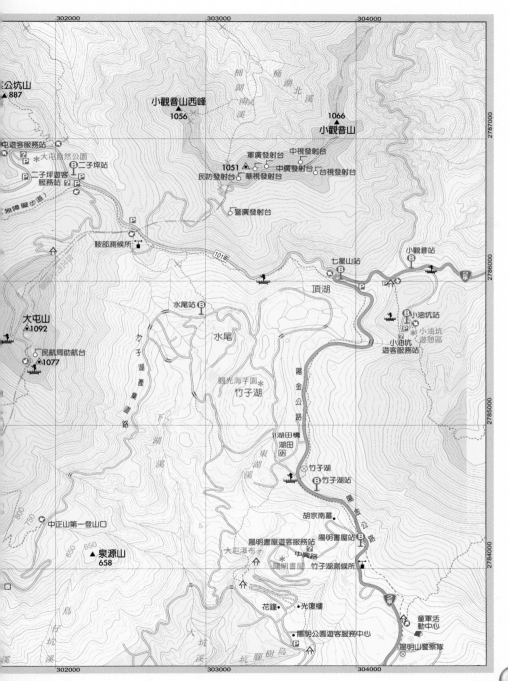

302000　　　　303000　　　　304000

大公坑山
▲887

小觀音山西峰
1056

小觀音山
1066

中視發射台
軍廣發射台
1051 ▲　　　中廣發射台　台視發射台
民防發射台　華視發射台

屯遊客服務站
大屯自然公園
P　二子坪站
二子坪遊客
服務站

警廣發射台

無障礙步道

鞍部測候所

大屯山
▲1092

101甲

七星山站

頂湖

小觀音站

P

民航局助航台
▲1077

水尾站

水尾

小油坑站

小油坑
遊憩區

小油坑
遊客服務站

竹子湖產業道路

觀光海芋園
竹子湖

陽金公路

下湖溪

東湖溪

湖田橋
湖田

竹子湖

800
750

竹子湖站

中正山第一登山口

650
650

泉源山
658

胡宗南墓

陽明書屋遊客服務站
中興路

陽明書屋站

大屯瀑布

陽明書屋　竹子湖測候所

鳥
炉
坑
溪

花鐘
光復樓

大坑溪

烏樹腳坑

陽明公園遊客服務中心

童軍活動中心

陽明山警察隊

302000　　　　303000　　　　304000

53

往面天山步道

往面天山步道

面天山山頂與漆成白色的三角點

類也多，有一種俗稱火管竹，它的竹節長，先民經常用來編織簍筐等竹器日用品；除此之外，像是土灶升火用的吹風管、童玩水槍、竹子排排種當圍籬等都十分好用。走過竹林通道，出口處是會合點，沒多遠就是面天山的登山口。

爬不完的階梯，總是走不到盡頭，這就是上面天山的感覺，登山口的指標寫著0.6公里，但在短短的路程卻要上升200公尺的高度，是連續的陡坡，還好步道闢建時採人性化，來個三短二長，三個短階梯就插上兩個長階梯，這樣走起來就不會讓人覺得是在連續上階梯，中間長階梯處可稍稍停頓休息。經過路標0.4公里後，不久便進入芒草區，仰望上登的步道像是伸展到天空，像是我們要登上天空般的感覺，曾經也有人稱它為上天之路。此時回首望大屯西峰、南峰，像似就在眼前，不遠的大屯主峰及更遠的七星山只露出山頭。面天山頂有兩面方形板狀大型的微波反射板，從大屯山區看過來很好辨認，因為三角點埋在它的腳底下，漆成白色三等三角點，很容易辨識。

水泥仿木的觀景平台不怕風吹雨打，平台上視野開闊展望極佳，放眼望去淡水河口、北海岸盡在眼底，大屯山區各山頭也都一覽無遺，令人不禁有「登高山而小天下」的感覺。面天山是座圓錐狀火山體，山頂渾圓，是園

山頂觀景台

面天山

面天山到向天池段步道

區登高望遠最佳地點之一。

　　指標上標示著到向天池0.8公里，位
於面天山西南方的向天山，是前往向天
池必經之地，向天山山頭平緩，兩山之
間鞍部谷地有大片芒草。夏天午後斜陽
伴隨輕風，波光粼粼彷如置身於汪洋；
秋天芒花滾滾另一番風情。離開面天山
後步道陡降，一顆老黑松聳立在步道上
，像是歡迎你的來到。向天山山上沒基
石，只有長得比人高的芒草，下坡路穿
過雜木林，偶有幾顆特別高大的老黑松

向天池乾涸池底的安山岩

面天山到向天池段步道途中老松樹

，胸圍都得兩人合抱，這些高大的黑松是日治時代所栽植；沒多久來到向天池邊的叉路口，有指標指向向天池。

向天池位於向天山西側，呈臉盆狀的火山口遺跡，底部平坦，是台灣保持相當完整的火山口，雨季來臨或連續大雨才有

面天山興福寮登山口

■ 交通資訊

Ⓑ 大眾運輸

1. 二子坪站：108（遊園公車）
2. 清天宮站：小6（北投至清天宮），真聖宮無公車站牌，須步行到清天宮站搭乘。
3. 陽明山公車總站：紅5（捷運劍潭站至陽明山）、108（遊園公車）、260正區（東園、台北車站至陽明山）
4. 陽明山站：紅5（捷運劍潭站至陽明山）、230（捷運北投站至陽明山）、260正區（東園、台北車站至陽明山）、小8（石牌至竹子湖）、小9（復興站至竹子湖）、皇家客運（台北至金山）

＊108遊園公車於陽明山公車總站轉乘

Ⓟ 停車場

1. 大屯山鞍部停車場（大屯山登山口對面）
2. 大屯公園1號停車場（右/路北）
3. 大屯公園2號停車場（左/路南）
4. 大屯停車場（大屯遊客服務站旁，限行動不便人士專用）
5. 二子坪1號停車場（大屯山車道入口處）
6. 二子坪2號停車場（二子坪1號停車場對面）

池水，大都呈乾涸狀態，池底生長著禾本科植物，池中散落幾顆安山岩大石，部份較低窪處燈心草叢生，環池闢建有塊石步道環繞，步道有叉路口往興福寮，興福寮路標1.8公里，一路陡坡下山，林相原始，走在密密的綠林中，讓人有一種寧靜感受，與世無爭、禪意十足，走出登山口後還要穿過附近的社區，巷道出去繞過真聖宮後方，沿著廟右牆邊走，就可下到公路。

從真聖宮出去沒有公車可搭乘，可以走到到清天宮搭乘小6公車，路程約30分鐘；體力好的健腳者可再走到北投貴子坑，繼續步行至北投站或復興崗站搭乘捷運或其他交通工具。

真聖宮

🚗 自行開車

本步道自陽明山二子坪至淡水興福寮真聖宮，自行開車前往最好能接駁，否則只能回原點取車。

1. 仰德大道→陽金公路→101甲縣道（百拉卡公路）→大屯山鞍部登山口前→二子坪1號停車場或2號停車場
2. 淡水、三芝→101縣道→101甲縣道（百拉卡公路）→大屯自然公園→二子坪1號停車場或2號停車場
3. 金山→陽金公路→101甲縣道（百拉卡公路）→大屯山鞍部登山口前→二子坪1號停車場或2號停車場
4. 北投→新北投→復興四路、三路→觀雲橋→真聖宮

遊憩景點

向天池

向天池是本國家公園內完整的火山口遺跡，四週環山，青翠蓊鬱，池形圓整，充滿靈氣，遇雨才成湖，所以要看到湖面，也要看雨神的意願了。由二子坪進入，穿越松林棧道，全程走走停停的，約花上1個半小時，即可完成右去左回行程。

興福寮古道

從向天池往西行，有兩條步道，一往淡水興福寮約1.6公里，一往北投清天宮約2.2公里。若停車於二子坪，則無論往興福寮或清天宮，皆為下坡路。興福寮是西端進入國家公園的起走點，興福寮至清天宮距離約2公里，有產業道路相通。興福寮古道是昔日北投通往淡水北新庄的一條路徑，沿途路標清楚，步道完整多石階，多下坡路，走起來輕鬆適意。

植物生態

燈心草

分布於中國大陸、韓國、日本、美洲等地，台灣地區在山野至高山水澤邊，陰濕地自生。多年生草本水生植物，地下莖短，匍匐性，密生鬚根，稈叢生直立，圓筒形，實心，莖基部具棕色鞘，髓呈細長圓柱形。

腺萼懸鉤子

陽明山600公尺以上的乾燥草原地常見這種腺萼懸鉤子，這種屬於薔薇科的熱帶雨林植物，藤蔓長出尖刺，常會鉤住鞋帽衣褲，常讓山友們不勝其擾。通常它的花瓣為5片白色平展葉片，果實則大而鮮紅色，花期在2月，是十分特別的山區植物。

火管竹

陽明山區處處都可以見到竹子，種類繁多，而火管竹就是其中的一種。火管竹因竹節顏色接近紅褐色而叫「火」管竹，其特別的是竹節比一般竹子長，截斷的竹子可以用來引水、吹風等，裁切成薄竹片還可以用來編織竹簍呢！

我的登山記錄
地點：
時間：

心情
點滴

= 親子級

菜公坑山步道

攀登路徑

　　菜公坑山步道從百拉卡公路旁第一登山口到山頂反經石，再由反經石下到第二登山口，全程約1.5公里，時間大約50分鐘左右。遊客自二子坪站下車，須步行

菜公坑山步道第一登山口

至第一登山口開始起登，一般遊客大都會把大屯自然公園加入行程之內，步道的全部路程雖然不長，卻是一次豐富之旅。

　　走菜公坑山步道，須從二子坪遊務站開始，因為108遊園公車園區最西邊的終點站在此，二子坪停車場也在這裡，下公車或停好車的遊客，沿著百拉卡公路往上走約200公尺左右，在路旁會看到登山口的標示，蠻醒目的塊石基座橫木區，

菜公坑山步道

中英對照寫著「菜公坑山登山口」。入口處有一片草坪，設有兩個大ㄇ字形石墩長條椅，以及登山路線圖解說牌等，步道起點的路標上指的菜公坑山1公里，是從登山口到山頂反經石為止，應只算是第一段而已，走菜公坑步道可說是豐富之旅呢！因為短短2公里不到的步道，能讓遊客感受三種不同的林相與植被，先是面向東北迎風面的森林區，其次是頂上的綠茵草原帶，再來就是潮溼的闊葉林帶，不同的環境醞藏著不同的生態物種，而景觀環境也

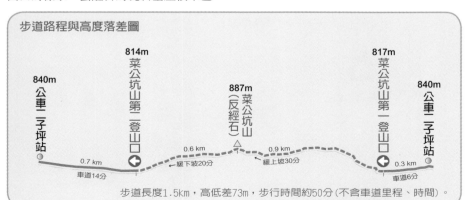

步道路程與高度落差圖

840m 公車二子坪站	814m 菜公坑山第二登山口	887m 菜公坑山(反經石)	817m 菜公坑山第一登山口	840m 公車二子坪站
0.7 km 車道14分	0.6 km ←緩下坡20分	0.9 km 緩上坡30分→	0.3 km 車道6分	

步道長度1.5km，高低差73m，步行時間約50分(不含車道里程、時間)。

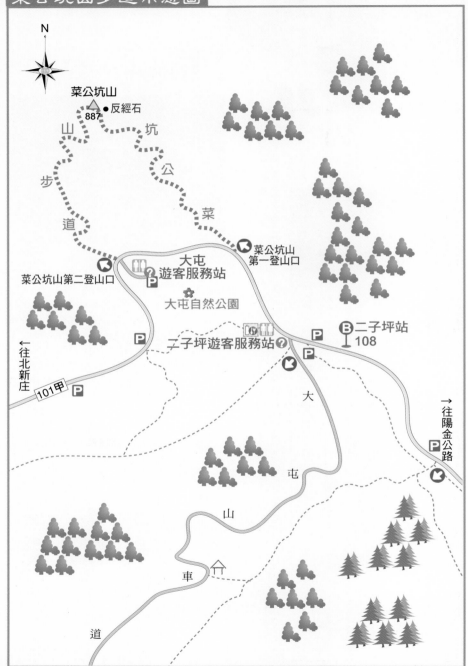

菜公坑山步道示意圖

N

菜公坑山
887 ●反經石

山 坑
步 公
道 菜

菜公坑山
第一登山口

大屯
遊客服務站
P
菜公坑山第二登山口

大屯自然公園

P
二子坪遊客服務站
P
B 二子坪站
108

←往北新庄
101甲 P
大

屯
→往陽金公路
P

山

車 介

道

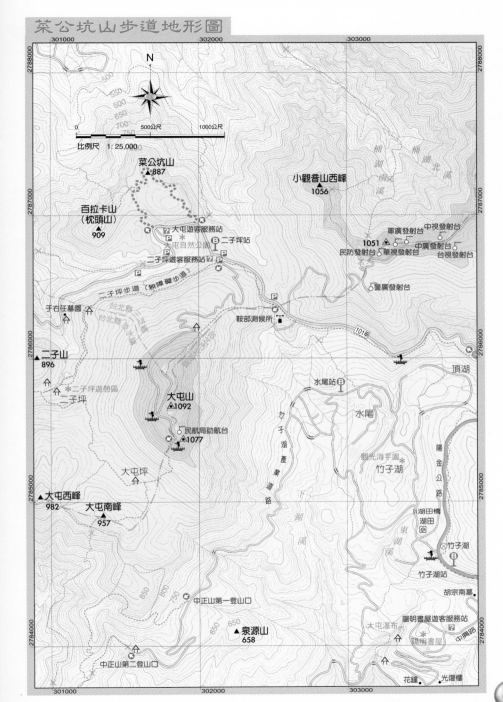

菜公坑山步道地形圖

N

比例尺 1：25,000

0　　　　500公尺　　　　1000公尺

菜公坑山
▲887

百拉卡山
（枕頭山）
▲909

小觀音山西峰
▲1056

大屯遊客服務站
二子坪站
大屯自然公園
二子坪遊客服務站

一子坪步道（無障礙步道）

軍廣發射台　　中視發射台
1051
民防發射台　華視發射台　中廣發射台
　　　　　　　　　台視發射台

警廣發射台

于右任墓園

二子山
▲896

鞍部測候所

101甲

水尾站

頂湖

二子坪遊憩區
二子坪

水尾

大屯山
▲1092

觀光海芋園

竹子湖

陽金公路

民航局助航台
▲1077

大屯坪

湖田橋
湖田

大屯西峰
▲982

大屯南峰
▲957

竹子湖站

胡宗南墓

中正山第一登山口

大屯瀑布

陽明書屋遊客服務站

泉源山
▲658

陽明書屋
中興路

中正山第二登山口

花鐘　　光復樓

菜公坑山步道及解說牌

第一是步道大部份皆在林蔭之中，和緩易行。第二是山頂有兩塊安山岩巨石，因含有豐富的磁鐵礦，疑似能使指北針不斷轉動，發生偏差，因而稱之為反經石。第三是鳥語蟲鳴豐富的動植物資源，極具教育價值。步道依山勢緩坡而上，濃蔭密佈林木蒼翠，間有原生種金毛杜鵑等花木，是春暖花開賞花的好去處。行約15鐘後來到一處可遠眺小觀音山的地方，並設有解說牌。依解說牌上的解釋，北海岸的麟山鼻、富貴角皆為小觀音山所流出的熔岩所形成的，此外，小觀音山頂擁有大屯火山群裡最大的火山口。

隨之而異。

　　菜公坑山之命名，據說清朝時有位「菜公」（即修行者），曾結廬隱居於此，因此有菜公坑山之稱，菜公坑山有三個特色，

菜公坑山上反經石

　　走出森林，接著來到芒草原，這兒有展望良好的稜線，對面是小觀音山及西峰，因地處位置的關係，常受北海岸強勁吹襲而來的東北季風，時而晴空萬里、烈日當頭，一會兒風起雲湧，雲霧漫過小觀音山，順著山坡溜滑梯似的往下蔓延，形成行雲流水般的景觀。

　　續行約15分鐘後，就可來到菜公坑山山頂。頂上無基石，只有反經石和其解說牌，其特殊的磁力場能讓指北針轉動，您

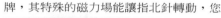

小觀音山

菜公坑山步道隱於林蔭之中

菜公坑山第二登山口

了樹木漸漸多起來，這次進入的是潮溼闊葉林帶，夏天除了蟬鳴之外，還有隱密而寧靜的森林。這條步道幾成為園區的解說路線，在步道旁邊，最豐富的內容並非昆蟲、鳥類，或者喬木等，往往是附生、寄生類的攀藤類植物，水鴨腳秋海棠也是指標性不可或缺的角色，蕨類更是種類繁多，在讓你目不暇給之際，已來到了第二登山口。

當你沿著百拉卡公路走回原出發點時，可以到大屯自然公園，是大屯山區熱門遊點之一。大屯自然公園（即大屯遊憩區）位於大屯山北麓與菜公坑山南麓之間的百拉卡公路（101甲縣道）旁，是本處劃設的遊憩據點之一，也是大屯山系步道北端重要的景點，該基地曾遭濫墾，本處於76年以植生復舊方式闢設大屯自然公園，佔地約55公頃，海拔高度約800公尺，以植生復舊所形成之自然公園及周圍的暖溫帶闊葉林最具特色。

不妨也來試一下。

菜公坑山雖不高，但山上的展望可不錯，山頂可眺望小觀音山、竹子山以及三芝的海岸線。山巔多風林木較為低矮，林下優勢植物是山菊，落葉滿地偶爾可見到幾隻攀蜥出沒。下山路，接近芒草原時，因陽光充裕，向陽性的花草就多了些，如倒地蜈蚣等之類，步道兩旁颱風草時有所見，喜愛陽光的蝴蝶和蜥蜴經常出現在步道上。

此時步道上路標的路程計數，又是從山頂歸零算起，到第二登山口0.6公里，這算是第二段。約在路標0.2公里之前，右手邊小叉路是通往百拉卡山（枕頭山）的步道。走在塊石步道上，你會發現芒草沒

菜公坑山第二登山口段步道

除了觀賞自然公園裡栽植的各種杜鵑、山櫻、楓香、紅楠、筆筒樹等花木之外，還可在木棧橋上觀賞游魚和水池風光。春夏之間，更可觀賞到許多蝴蝶和鳥類等野生動物在花間飛舞採蜜、求偶或育雛。園區內有完整的步道，停車場及眺望平台、休憩設施等，相當完善，另設有大屯遊客服務站，是本園內7個服務站之一。站內提供靜態展示及解說服務，讓遊客對大屯自然公園能更進一步的了解和認識。

🚐 自行開車

1. 仰德大道→陽金公路→101甲縣道(百拉卡公路)→大屯山鞍部登山口→二子坪1號、2號停車場
2. 淡水、三芝→101縣道→101甲縣道(百拉卡公路)→大屯1號、2號停車場或二子坪1號、2號停車場
3. 金山→陽金公路→101甲縣道(百拉卡公路)→大屯山鞍部登山口→二子坪1號、2號停車場或大屯1號、2號停車場

■ 交通資訊 ■■■■■■

🚌 大眾運輸

1. 二子坪站：108(遊園公車)
2. 陽明山公車總站：紅5(捷運劍潭站至陽明山)、108(遊園公車)、260正區(東園、台北車站至陽明山)
3. 陽明山站：紅5(捷運劍潭站至陽明山)、230(捷運北投站至陽明山)、260正區(東園、台北車站至陽明山)、小8(石牌至竹子湖)、小9(復興站至竹子湖)、皇家客運(台北至金山)

＊108遊園公車於陽明山公車總站轉乘

🅿 停車場

1. 大屯山鞍部停車場(大屯山登山口對面)
2. 大屯公園1號停車場(右/路北)
3. 大屯公園2號停車場(左/路南)
4. 大屯停車場(大屯遊客服務站旁，限行動不便人士專用)
5. 二子坪1號停車場(大屯山車道入口處)
6. 二子坪2號停車場(二子坪1號停車場對面)

遠眺小觀音山

景點推薦

大屯自然公園

大屯自然公園位於菜公坑山南麓,是大屯山系步道間極具知名的景點;園區沿著木棧道走入林中,湖面耀然眼前,令人神清氣爽,有豁然開朗的喜悅。

園區圍繞著天然湖泊而闢建,因水氣豐沛、溼度高,蘊育了綠意盎然的水生植物。夏天悠游於湖中的水鴨、野鳥、秋天搖曳生姿的芒草群、寧靜的翠綠草木,令人流連忘返。

動物生態

翠鳥

在大屯自然公園旁的水池邊,偶而可見到一種顏色鮮豔的小鳥,以幾近貼水的高度快速疾飛掠過水面,這就是有名的翠鳥,又名「魚狗」。這種鳥類有著長長的尖嘴,體積短小,頭臉圓扁,身上有藍、綠、橙、白、黑等顏色,色彩豔麗、突出。常見佇立於水邊突出的樹枝或岩石上,一發現獵物即俯衝入水啄取魚蝦,速度與動作反應疾快,通常攝影時,很難捕捉到牠的身影。

植物生態

水鴨腳秋海棠

秋海棠是熱帶、亞熱帶的肉質草本植物,在台灣北部山區最常見的莫過於是水鴨腳秋海棠了;喜歡生長在遮蔽潮溼、流水潑濺的石塊上,群聚生長,陽明山區常見於溪谷水源之處。

紅星杜鵑

屬於杜鵑花科的石楠類,為常綠灌木至亞喬木,葉叢生於枝端,革質、披針狀。葉下密被紅褐色星狀毛。花朵頂生,花冠初為紫紅色,盛開後變淡,徑約5公分,花期為每年3月底至5月初。

紅星杜鵑是本園區數量最少的一種杜鵑花,曾經被列為保育類的稀有植物,在菜公坑山頂靠近北側、小觀音山火口緣等北向斜坡500至1,000公尺處偶而可見。

倒地蜈蚣

這是極具觀賞性的小草本,平地至中海拔高地均可見,喜受光、溼潤之環境,生長向陽光面,適應性強。葉形單葉,平面式對生;花形藍紫色,唇形大而明顯,全年可見生長,花期尤以4月、8月最明顯,台灣本島普遍可見,陽明山區以菜公坑山步道旁陽光充裕處最多。

我的登山記錄
地點：
時間：

心情
點滴

位置圖

陽明山國家公園

竹子山

往三芝

大屯山

七星山 擎天崗

磺嘴山

往金山

管理處及遊客中心

往台北

七星山系

七星山壯碩雄偉，是台北盆地北方的最高峰，置身山頂眺望，則大屯山、大尖山、面天山等山巒連稜景緻盡收眼底。七星山在經過火山活動後所遺留下來的溫泉露頭、火口湖、地熱噴氣口及斷層地形等，在這裡到處可見，其中最具知名的莫過於是小油坑與夢幻湖，小油坑是大型的地熱噴氣口崩塌地，位在七星山西北麓，遊客遠遠便可見硫煙嬝嬝的景象。夢幻湖則位於七星山東南麓，夏季多雨湖水高漲，湖中稀有植物「台灣水韭」茂密生長，碧綠好看；本區著名的景點有冷水坑、擎天崗、小油坑等，是觀察火山地質地形的最佳旅遊地。

【七星主峰・東峰步道】
　小觀音登山口→七星山苗圃登山口

【冷水坑環形步道】
　冷水坑登山口→冷水坑遊客服務站

【紗帽山步道】
　紗帽路北登山口→紗帽路南登山口

細說七星家族····

七星山是大台北都會溫泉、地熱、噴氣孔的櫥窗，是台北轄區內的最高地，七星山系著名的山頭包括七星山主峰、東峰、七股山、竹篙山、紗帽山、小草山、尾崙山、鵝尾山、及下竹林山；知名的遊憩據點含小油坑、夢幻湖、冷水坑、七星公園等，區內硫磺噴氣、煙霧昇騰、景象迷人，加上綿延數里的短草綠坡，讓人漫步其間、涼爽宜人。

七星山小油坑

▌七星山主峰 1,120公尺

七星山主峰位於陽明山國家公園的中央地帶，為大屯火山群中的最高峰，山頂有一等三角點，山形正是「山」字型，天晴時登頂極目四望，視野遼闊，令人身心倍感舒暢；尤其東、西、北三方遠處海天相接，景象迷濛；西邊則是終日煙霧裊裊的小油坑噴氣景觀。

▌七星山東峰 1,107公尺

位於主峰的東南方，距離僅十幾分鐘的路程，頂上有顆三等三角點，可遠眺台北市區櫛比鱗次的高樓大廈。東面山坡美麗的沼澤湖泊，即盛名遠播的夢幻湖。東峰連稜七星山主峰，因此常是山友安排連登的登山路線。

▌夢幻湖 830公尺

因經常雲霧籠罩湖面，夢幻莫測，靈氣逼人，令人讚歎不已，「夢幻」二字因而得名。如夢似幻的湖水，因昔日有水鴨來此棲息，故有「鴨池」之名稱。夢幻湖為一沼澤湖泊，湖底長有綠草植物，即為台灣水韭，是一種多年生水生蕨類，為珍貴的稀有植物，本區已列為生態保護區。

夢幻湖

▌紗帽山 646公尺

位於陽明公園西側，有顆三等三角點，因山形狀似古代衙官所戴的烏紗帽而得名。由於此山曾為水源地保護林，已往較少遊客前往，山上多老樹叢生、濃蔭陰暗，自增設步道後，山友與遊客漸多，增添不少熱鬧氣氛。

紗帽山

七星山小油坑段步道登山口

七星山在那裡？

七星山系

七股

小油坑遊客服務站

七星山 ▲　　七星東峰　　七股山
1120　　　▲1107　　　890

　　　　　　　　　　　　　　　　　冷水坑環形步道

陽明書屋　　　　　　冷水坑
遊客服務站　　　　　冷水坑遊客服務站

　　　　　　七星主峰、東峰步道

陽明山
國家公園管理處
　　　　遊客中心

紗帽山步道

紗帽山 ▲
643

往台北

= 健腳級

七星主峰・東峰步道

■ 攀登路徑 ■

七星山主、東峰步道，從陽金公路小觀音登山口開始，經小油坑、主峰、東峰到七星公園，然後從陽金公路苗圃登山口下來，全程約5.7公里，時間約3小時15分。路徑也可以反過來走，直接從苗圃登山口起登。在此先提供一點步道相關資訊，小觀音登山口標高786公尺，七星山

七星山小觀音登山口步道

苗圃登山口標高536公尺，由七星公園下方200公尺處休憩亭直上東峰的步道坡度

七星山小油坑段步道護欄

較陡，連續以之字形急陡上，攀爬較具挑戰性。

從小觀音登山口起登的朋友，搭公車者可在陽金公路七星山站下車，再沿人車分道經過小油坑停車場上方到登山口，有些公車有經小觀音，也可以在小觀音站下，只是者樣起登會錯失一段漂亮的包籜矢竹步道；開車的朋友則可以利用小油坑停車場，或登山口旁的小停車場。靠陽金公路邊有一座略呈長方形的涼亭，步道口就在涼亭的右手邊，走上十來階的塊石階梯，指標上標示著七星山登山口0.8公里、小油坑0.8公里。一上步道不遠就碰到人車分道交叉而過，續前行，步道兩旁濃密的箭竹（包籜矢竹）林，整齊得好像經過精心修剪，緩坡直上途中，豎有小油坑箭竹林步道解說牌和另通往木棧道、觀景平台的步道，這一帶就是特別為觀賞箭竹所設計的步道。步道尾端突然開

七星山小油坑段步道登山口

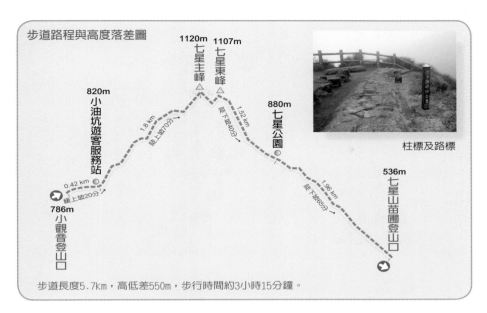

步道路程與高度落差圖

1120m 七星主峰 △

1107m 七星東峰 △

820m 小油坑遊客服務站

880m 七星公園 ◎

536m 七星山苗圃登山口

786m 小觀音登山口

0.42 km　緩上坡20分↗

1.8 km　緩上坡70分↗

1.52 km　緩下坡40分↗

1.96 km　緩下坡65分↗

柱標及路標

步道長度5.7km，高低差550m，步行時間約3小時15分鐘。

闊，小油坑遊客服務站到了，在此可以整補一下，有公廁、販賣部，也有園區的資訊服務。

小油坑七星山登山口，在公車站旁，步道口有登山路線圖解說牌、指標、路標、海拔811公尺高度標和警示牌，從登山口起，一上路就是陡峭的石階步道，蜿蜒而上。這小油坑段步道位於七星山西北麓，屬於迎風坡面，終年強風侵襲，滿山遍野以耐寒的芒草及包籜矢竹林植物生態

步道穿過硫磺噴氣口

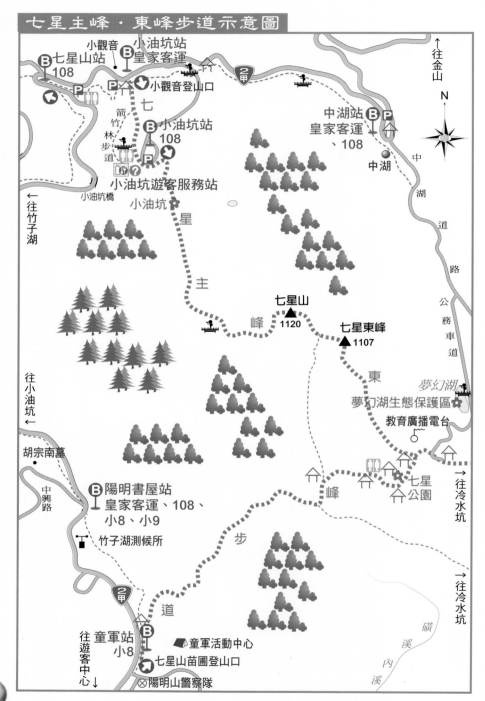

七星主峰‧東峰步道示意圖

小觀音
小油坑站
皇家客運
B 七星山站
108
小觀音登山口
往金山
N
七
中湖站
皇家客運
、108
箭竹
林
步
道
B 小油坑站
108
中湖
小油坑遊客服務站
往竹子湖 ←
小油坑橋
小油坑
星
中湖道路公務車道
主
往小油坑 ←
峰
七星山
1120
七星東峰
1107
夢幻湖
東
夢幻湖生態保護區
教育廣播電台
胡宗南墓
中興路
B 陽明書屋站
皇家客運、108、
小8、小9
七星
公園
峰
往冷水坑 →
竹子湖測候所
步
往冷水坑 →
2甲
道
童軍站
小8
童軍活動中心
往遊客中心↓
七星山苗圃登山口
陽明山警察隊
磺溪內溪

七星主峰・東峰步道地形圖

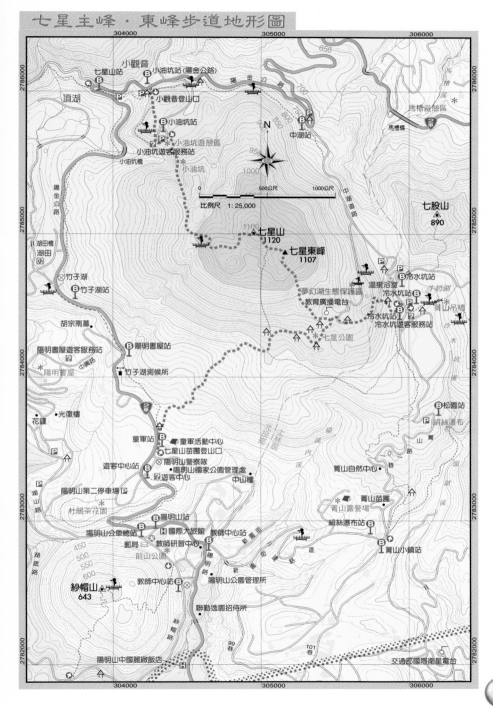

七星山遠眺大屯山

為主。回首下望，小油坑遊憩區就在底下，只見白霧衝天，抬頭仰望，山勢巍偉壯麗。不久步道進入山谷地，大地焦黑有如洪荒再現，路旁不時可見硫磺噴氣孔噴出白色硫氣，濃烈味道撲鼻而來，解說牌上不正寫著「洪荒時代的生命再現」。路標0.6公里處，登上一稜線平台，同時有里程標示往主峰1公里，小三角平台周邊，幾塊安山岩正好當休息坐椅。步道位於稜線上，續前行，一路上有包籜矢竹、零零散落的安山岩、硫磺噴氣。路過一片風剪樹樹林，山嵐飄過雲霧迷漫在林間，彷彿是一幅名師的山水畫。正陶醉於

畫作中，眼前又是另一幕景色，步道沿著小丘而上，空曠的裸岩硫磺噴孔處，雲氣冉冉，空氣交織著硫磺味，頗有原始蠻荒的滄涼感。這裡的地質景觀形成於數十萬年前的火山噴發遺跡，經悠悠歲月而演變成今日之景緻。此處山谷，有一片綠意盎然的昆欄樹林，在這以芒草及包籜矢竹為主的山區格外顯眼。這裡的小山坳谷處可阻擋強烈的北風，昆欄樹便能在此安身立命，欣榮地生長。

步道上的里程標示告訴我們，已經上到海拔1,000公尺，這裡的植被景象已單純化。在里程1公里附近，由小徑走出數

七星山小油坑段步道

步道兩旁包籜矢竹林

公尺外，有座觀景台，展望絕佳，尤其是觀看大屯山山區，再往上走，又是一小段陡坡，之後步道被包籜矢竹所夾圍，走在其間，彷若被與人同高的竹子夾道相迎，雲霧環繞，別有一番滋味。過了里程1.4公里，最後的200公尺是陡坡，峰頂在望也顧不得累，一口氣衝上去。

七星山主峰，海拔1,120公尺，一等三角點、一等衛星控制點，還有一支豎立在最高的「台北市第一高峰」地標，來到七星山頂，都可見不少遊客，尤其是假日，不分年齡層、男女老少絡繹不絕，可

七星山主峰頂一等三角點

見其熱門程度。峰頂展望絕佳，無任何遮蔽。晴空之際，佇立於峰頂，以360度環視，向北眺望，則萬里、金山一帶海岸清晰可見，野柳岬角亦在目中，而磺嘴山、大尖後山座落東北方；南望，則台北盆地城市景觀全在腳下，台北101大樓、南港山、木柵、深坑、石碇山巒起伏皆可見，而淡水河蜿蜒自遠方來，溫柔地流過台北盆地，河水與基隆河會於關渡；河對岸，觀音山斜臥於淡水河口，更遠的八里、林口海岸亦隱約可見；視線再向右移，可遠及東北角海岸至鼻頭角。視線拉近，則鄰近之向天山、面天山、大屯諸峰、小觀音山、竹子山連稜，頗為壯觀；七星山真不愧為是台北郊山之最。

離開主峰，下到主峰和東峰之間的小鞍部，三叉路口，除了來時路和往東峰之外，還有一條直接下苗圃登山口的路。循指標往東峰，上去的路有點陡，還好不很遠。東峰，在主峰的東南邊偏東，海拔1,106公尺，三等三角點立在安山岩上，峰頂立足地比主峰小，有亂石一堆，展望和主峰不相上下。東峰到七星公園大約1.1公里，前半段山坡陡峭，所以步道大都以之字形來闢建，先前步道還是緩坡下降，過了標示往主峰0.5公里、小油坑2.0公里的標示後，轉為急陡坡，山坡迎風，一路上多半是芒草，秋來翻芒浪白景色最為美麗。台灣肺形草、倒地蜈蚣、山菊和假枑木等植物亦有所見。後半段步道漸趨平緩，半山腰的七星公園和教育電台顯著的天線

遠眺七星山主峰

已在眼前，步道變寬許多，出現小片雜木林和柳杉已經到公園前叉路口，指標往七星公園0.1公里、往冷水坑遊客服務站1.0公里、往東峰1.1公里。往七星公園方向走，同時也結束這段「東峰之路」。

七星公園景觀以杜鵑花和芒草叢為主，幾座亭台有大有小，各顯功能。公廁前的步道是通往苗圃登山口，公園到苗圃登山口這段步道處於七星山西南坡，因背風森林演替的狀況較東北坡迎風面成熟。

離開七星公園之後，步道馬上進入濃蔭密蔽的森林中，沿著山腰路起伏不大，不久來到涼亭叉路口，續行數分鐘來到冷水坑、苗圃支線步道的叉路口，此後步道一直緩坡穿行於森林中，間隔設有休息用坐椅，解說牌讓我們更了解步道的特色。從海拔柱標800公尺降到600公尺，當你看到陽金公路旁的大涼亭時，已接近終點了，自涼亭沿著公路旁的步道走約200公尺，即是終點七星山苗圃登山口的小廣場，可續行至本園遊客中心，這裡有各式園區旅遊相關資訊供民眾參考，同時附設有販賣部、公廁，對面第二停車場則有假日公車可搭乘，如果還有力氣的話，可再走上0.7公里到陽明山公車總站，搭車就更方便了。

步道穿越硫磺噴氣口

■ 交通資訊 ■

Ⓑ 大眾運輸

1. 遊客中心(陽明山第二停車場)站：108(遊園公車)、小8(石牌至竹子湖)、小9(復興站至竹子湖)、皇家客運(台北至金山)
2. 童軍站：小8(石牌至竹子湖)
3. 七星山站：108(遊園公車)、皇家客運(台北至金山)
4. 小油坑站：108(遊園公車)
5. 小油坑站(陽金公路)：皇家客運(台北至金山)
6. 陽明山公車總站：紅5(捷運劍潭站至陽明山)、108(遊園公車)、260正區(東園、台北車站至陽明山)
7. 陽明山站：紅5(捷運劍潭站至陽明山)、230(捷運北投站至陽明山)、260正區(東園、台北車站至陽明山)、小8(石牌至竹子湖)、小9(復興站至竹子湖)、皇家客運(台北至金山)

＊108遊園公車於陽明山公車總站轉乘

🚗 自行開車

本步道起點陽金公路小觀音登山口至遊客中心苗圃登山口，反向攀登亦可。

1. 台北→仰德大道→陽金公路→陽明山第二停車場
2. 淡水、三芝→101縣道→101甲縣道(百拉卡公路)→陽金公路→小觀音停車場或小油坑停車場
3. 金山→陽金公路→小觀音停車場或小油坑停車場
4. 北投→新北投→泉源路→鼎筆橋→紗帽路→陽金公路→陽明山第二停車場

Ⓟ 停車場

1. 陽明山第二停車場(遊客中心對面/收費)
2. 小觀音停車場(皇家客運小油坑站站牌旁)
3. 小油坑停車場(小油坑遊客服務站前/收費)
4. 小油坑橋停車場(皇家客運七星山站附近)
5. 冷水坑2號停車場(冷水坑浴室對面)

遊憩景點

七星公園

區內建有大、小涼亭及石桌椅，供遊客休憩或攀爬七星山的山友途中體力補給站，目前為台北市政府工務局公園路燈工程管理處經管。此地腹地頗大，能眺望太陽谷、頂山、礦嘴山等山區，更可於此將踏青的足跡延伸至夢幻湖、冷水坑，若由七星公園經步道下山至苗圃，這一段路沿途綠蔭蒼蒼，令人心曠神怡。

小油坑

小油坑位於七星山西北麓，以「後火山作用」所形成之噴氣孔、硫磺結晶及壯觀的崩塌地形出名。狀如內凹馬蹄形的崩塌凹陷地形，地層殘岩裸露，整體看起來有月球表面荒涼的風貌，甚為壯觀。硫氣孔噴氣作響，瀰漫著硫磺味道，硫煙繚繞，四周峭壁高懸，兼具雄渾和細緻之美。

動物生態

赤腹松鼠

闊葉林中最常見的野生動物，全身褐色而腹部赤褐色，由平地一直到中央山脈2,000公尺以上均可見其蹤跡，走在樹林中常可見到牠們沿著樹幹攀爬而上，或在樹枝間跳躍的情景，並不時擺動略帶灰色的蓬鬆尾巴。

繡眼畫眉

全長約12公分，頭部鼠灰色，眼睛黑色，周圍白色，頗為醒目。上背灰褐，下背與尾羽呈黃褐色，胸腹大致為淡褐色。生性活潑吵雜，常和其他種鳥類混群於樹叢中跳躍，以植物之種子、漿果、昆蟲等為主食。

植物生態

包籜矢竹(箭竹)

因莖桿挺直、韌度強，昔日人們以此當箭桿，因此又稱之為箭竹。一生只開1次花，花開後產生新的世代，母株隨即枯萎回歸大地，平時它的地下根莖發達，利用根莖節上面的生長芽繁殖小苗，因此矢竹生長密集。

台灣水韭

生長於陽明山夢幻湖的綠草植物就是有名的台灣水韭，為稀有的多年生水生蕨類，珍貴而稀少；水韭優生於池沼溼地，冬季豐水期為沈水植物，夏季枯水期池底泥土仍舊溼潤，因此成為挺水植物。水韭葉形纖細翠綠、稍透明、叢生，基部寬胖，有如小茶匙；葉身4至15公分長，內具四條氣室以隔膜相隔，藉以儲存氧氣及二氧化碳，供光合及呼吸作用之需。

我的登山記錄
地點：
時間：

心情
點滴

= 親子級

冷水坑環形步道

■ **攀登路徑**

　　冷水坑環形步道，從冷水坑遊客服務站停車場正對面冷水坑登山口，經夢幻湖車道尾端涼亭到夢幻湖，再循車道到公廁側指標叉路口，直下到夢幻湖停車場，接溫泉浴室回到起點，呈環狀全部行程約2公里，時間約1小時15分鐘左右。

　　登山口標高746公尺，起步先來一小段陡梯，第一個叉路口是人車分道菁山路段的，往指標七星公園方向走就對了。

步行約6分鐘到一個涼亭，在小山頭上位置很好，正可俯瞰冷水坑遊憩區

冷水坑登山口

大半，包括遊客服務站、停車場、菁山吊橋等。涼風迎面吹拂讓人倍感舒適，山坡仍綠意盎然的芒草，至深秋時應是賞芒的好地方。離開涼亭步道一路陡上，過海拔800公尺高度標示後才逐漸轉緩，沿途鳥

　　蝶飛舞忙著尋花採蜜，時而駐足賞蝶，也不覺得山路陡峭。過一段芒草夾道的緩坡步道，嶺頂建有一雙層圓頂大涼亭，登上涼亭視野不錯，欲窮千里目更上一層樓，上看七星山東峰、下望冷水坑，俯視山坡杉木林，這種叫柳杉的樹原生在日本，

也稱日本杉，日管時期在七星、大屯山區山坡地，進行人工造林，引進柳杉、黑

步道海拔800公尺標示

松和琉球松等松樹，並且豎碑紀念。

　　此地有一座教育電台，為交通方便早年闢建有車道，可由中湖道路接通上來，現已只限公務專用，路口設有門禁，遊客請勿違規私闖，以免受罰。離開圓涼亭後，依指標指示往夢幻湖走，十餘分鐘的車道上路程，就可抵夢幻湖。夢幻湖位在七星山東南麓，高約880公尺，成因迄今

步道路程與高度落差圖

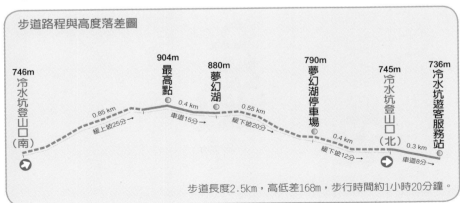

746m
冷水坑登山口（南）

904m 最高點

880m 夢幻湖

790m 夢幻湖停車場

745m 冷水坑登山口（北）

736m 冷水坑遊客服務站

0.85 km 緩上坡25分→
0.4 km 車道15分→
0.55 km 緩下坡20分→
0.4 km 緩下坡12分→
0.3 km 車道8分→

步道長度2.5km，高低差168m，步行時間約1小時20分鐘。

冷水坑環形步道示意圖

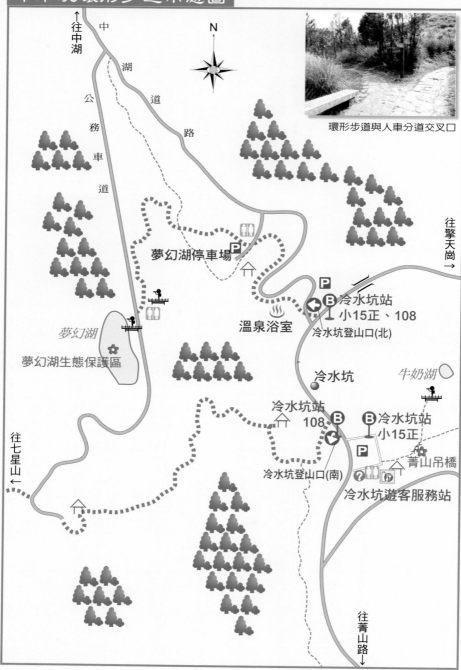

往中湖↑

N

中湖道路

公務車道

環形步道與人車分道交叉口

往擎天崗→

夢幻湖停車場

P

溫泉浴室

P

B 冷水坑站
小15正、108
冷水坑登山口(北)

夢幻湖

夢幻湖生態保護區

冷水坑

牛奶湖

往七星山←

冷水坑站
108
B

B 冷水坑站
小15正

P

菁山吊橋

冷水坑登山口(南)

冷水坑遊客服務站

往菁山路↓

冷水坑環形步道地形圖

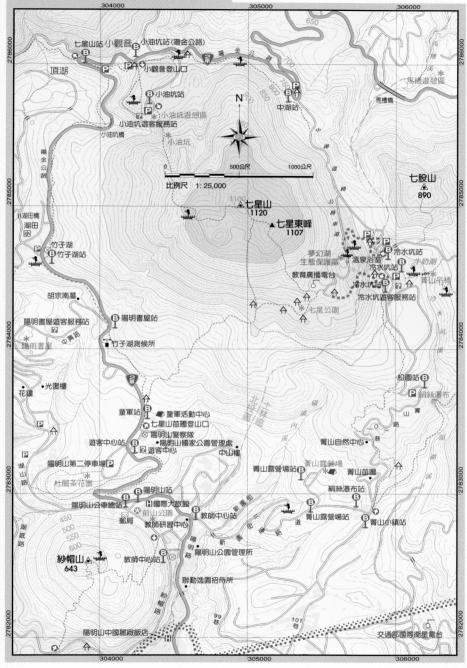

N

比例尺 1：25,000

0　　　500公尺　　　1000公尺

七星山站　小觀音　小油坑站(陽金公路)
頂湖
小觀音登山口
小油坑站
小油坑遊憩區
小油坑遊客服務站
小油坑橋　　小油坑

馬槽遊憩區
馬槽橋

中湖站

陽金公路

湖田橋
湖田
竹子湖
竹子湖站

胡宗南墓

陽明書屋遊客服務站
中興路
陽明書屋

光復樓

花蓮

童軍站　童軍活動中心
七星山苗圃登山口
陽明山警察隊
遊客中心站　陽明山國家公園管理處
遊客中心　中山樓
陽明山第二停車場
杜鵑茶花園

陽明山站
湖山路
陽明山公車總站
國際大旅館
郵局　前山公園
教師研習中心　教師中心站
陽明山公園管理所
聯勤逸園招待所

紗帽山
643
教師中心站

湖底路

陽明山中國麗緻飯店

七星山
1120

七星東峰
1107

夢幻湖
生態保護區
溫泉浴室
冷水坑
教育廣播電台
冷水坑站
冷水坑
牛奶湖
菁山吊橋
冷水坑遊客服務站
七星公園

七股山
890

松園站
絹絲瀑布

菁山自然中心

菁山露營場
菁山苗圃
絹絲瀑布站

菁山露營場站
菁山小鎮站

交通部國際衛星電台

環形步道

步道階梯護欄

步道途中涼亭

仍未明確，可能是火口湖，也可能是噴氣孔造成的凹地積水而成或是火山間窪地。湖中生長一種稀有的水生蕨類－台灣水韭，由於生長緯度低，極為罕見且稀少，而夢幻湖也成為生態保護區。因禁止進入湖區，四周設置遊客專用木棧道、觀景平台供遊客觀賞、展望使用。秋多少雨、湖面常見乾涸，春夏霪雨綿綿，當雨季或豪雨數日後，可見湖水滿溢；當山嵐霧氣籠罩時，湖光山影雲霧縹緲、變化莫測，景緻如夢如幻，故得其名。

由車道轉入山徑，步道口有一觀景台在芒草堆中，多次來到登臨時風景不一，記得前次夕陽染紅了七股山，好一幅丹山草欲燃的另一詮釋。

遠眺擎天崗

走一段緩坡後，步道突然轉爲急陡坡，路旁有休息桌椅兩座，每次都坐無虛席，原來是從停車場方向爬上來的遊客都氣喘噓噓，下去的人也不可掉以輕心，步伐要站穩。夢幻湖停車場人聲鼎沸，眞有車水馬龍的感覺，假日人太多了，兩座大涼亭人滿，草坪上也人滿，停車一位難求的現象，呼籲民眾假日遊賞冷水坑，請儘量搭乘大眾運輸，響應節能減碳政策，利己利人。

接近七星公園涼亭

說起冷水坑的由來，冷水坑位於七星山東麓，介於擎天崗與夢幻湖之間，爲山仔后通往擎天崗草原必經之地。全區屬於窪地地形，原是昔日七星山和七股山的熔岩匯流堰塞而成之湖泊，後因湖水外流乾涸，湖底露出而成今日之景觀。因水溫只有攝氏40度左右，遠低於其他地區可達90℃以上的水溫，故稱「冷水坑」；另一說法爲附近有一清涼可飲用的泉水，而地勢低窪因而名爲冷水坑。從夢幻湖停車場走下來，步道會經過冷水坑溫泉浴室的左側；冷水坑的溫泉是由七星山東麓的岩隙中自然湧出，泉水來源爲地下水間接傳

夢幻湖

夢幻湖步道

導而成，溫度超過40度以上，屬低溫中性碳酸氫鹽溫泉，現有溫泉池男女各一座，及泡腳池一座，是可供遊客免費體驗的公共浴池。

　　當你在冷水坑等公車之餘，可前往一處相當奇特地方看看，僅只幾步路之遠，在停車場旁的小山崗上觀景台居高臨下，可看見一乳白色湖泊，叫做「牛奶湖」；冷水坑是台灣唯一的沉澱硫磺礦床，區內的沼澤池底會噴出硫磺氣體，因游離的硫磺微粒，致使沼澤水色混濁，經沉澱後在池底形成土狀礦層，

環形步道下望冷水坑遊客服務站

磺土呈白黃或淡灰色，含硫成分約百分之20%至40%，池水白色像牛奶般。

　　在冷水坑搭乘公車下山，小15公車可達捷運劍潭站，108遊園公車只到陽明山總站，可再轉換其他公車路線下山。

■ 交通資訊

Ⓑ 大眾運輸

1. 冷水坑站、擎天崗站：小15正（捷運劍潭站至冷水坑站）、108（遊園公車）
2. 陽明山公車總站：紅5（捷運劍潭站至陽明山）、108（遊園公車）、260正區（東園、台北車站至陽明山）
3. 陽明山站：紅5（捷運劍潭站至陽明山）、230（捷運北投站至陽明山）、260正區（東園、台北車站至陽明山）、小8（石牌至竹子湖）、小9（復興站至竹子湖）、皇家客運（台北至金山）

＊108遊園公車於陽明山公車總站轉乘

🚗 自行開車

1. 仰德大道→山仔后→菁山路→菁山路101巷→冷水坑1號（收費）、2號停車場或夢幻湖停車場
2. 仰德大道→陽明路→新園街連絡道→菁山路101巷→冷水坑1號（收費）、2號停車場或夢幻湖停車場
3. 淡水、三芝→101縣道→101甲縣道（百拉卡公路）→陽金公路→中湖道路→冷水坑1號（收費）、2號停車場或夢幻湖停車場
4. 金山→陽金公路→中湖→中湖道路→冷水坑1號（收費）、2號停車場或夢幻湖停車場
5. 北投→新北投→泉源路→鼎筆橋、紗帽路→陽明路→中山樓→新園街連絡道→菁山路101巷→冷水坑1號（收費）、2號停車場或夢幻湖停車場

Ⓟ 停車場

1. 夢幻湖停車場（夢幻湖東北方坡下）
2. 冷水坑1號停車場（冷水坑遊客服務站前/收費）
3. 冷水坑2號停車場（冷水坑公共溫泉浴室對面）

遊憩景點

冷水坑菁山吊橋

這一座約50公尺的吊橋，橫跨冷水坑溪，紅色的橋柱、黑色的鋼索與褐色的橋板，矗立在青山之間，顯得特別明顯耀眼。位於步道入口的菁山吊橋美麗迷人，橋下有硫磺味的溪水為內雙溪源頭支流之一，附近有舊時採硫磺的遺址。過吊橋後沿著平坦的步道前行，一路經過柳杉林、木造觀景台、森林步徑，中間有叉路可轉往絹絲瀑布，直行往擎天崗的方向去，一路徐行，林蔭清爽，景緻翠綠。

夢幻湖

原名鴨池，位七星山東南山麓，海拔880公尺，凹陷積蓄雨水而成，因地形之故終年雲霧縹緲，「夢幻」之名即由此而來；因湖中生長珍貴的台灣水韭而劃設為生態保護區，也是國內最小的生態保護區，湖邊設有觀景平台、解說牌及景觀步道，供遊客一覽夢幻湖的全貌。

動物生態

小彎嘴畫眉

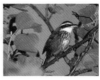

黑色的寬眼罩讓牠看起來如蒙面俠，長而彎的嘴巴，讓牠在國外有鉤嘴畫眉的稱呼。小彎嘴畫眉大部份的時間都躲在灌叢內，惟其渾圓的「可歸」聲卻時有所聞。

紅嘴黑鵯

為台灣中低海拔至平地的鳥類，聲音多變化，常「喵喵」猶如貓叫；飛行時則發出「嘰喳、嘰喳」的聲音。常於樹林上呈小群活動，冬至春季為非繁殖期會成大群活動，相當聒噪。

植物生態

火山葉蘚

被視為耐硫植物，廣布於噴口裸岩地區，因對強酸及高鹽環境的適應度高，且對硫磺噴氣孔環境具專一特性，故為大屯山區硫磺氣孔之指標植物。

火炭母草

蓼科別稱，烏炭子、秤飯藤、冷飯藤。多年生半攀緣性草本。長達2m，莖枝多分叉，具溝，匍匐地上蔓延，很少攀緣樹冠。硫氣中心區外圍區域的高等植物，可以芒草、火炭母草為代表，可稱為硫氣帶植物。

我的登山記錄
地點：
時間：

心情
點滴

健腳級

紗帽山步道

■攀登路徑■

紗帽山步道，從前山公園陽明湖前的北登山口，到紗帽山基點，再由基點下到紗帽路南登山口，全程約3.2公里，平均坡度大約15度，步行約需1時30分。

攀登紗帽山可搭乘公車到陽明山公車

紗帽山步道紗帽路北登山口

總站，經郵局丁字路口後順著紗帽路往下走到117之3號旁，就是北登山口（第一登山口），或搭230至紗帽路教師中心站下，對面即北登山口。在陽明山群峰中，山形優美的紗帽山，似乎是大家最熟悉的一座山。數十萬年前，七星山火山大規模噴發，火山活動不斷持續，不斷流出大量熔岩，地底能量仍很高的岩漿，從七星山的火山口不能充份得到渲洩，於是另覓出

口，在紗帽山的現址覓得了出口，也適時紓解地底岩漿蘊含的過盛能量，熔岩流就從這裡湧出，形成了美麗的鐘狀圓錐丘形火山體。會形成錐狀火山，主要是流出的熔岩流黏滯性大，流動性小，冷卻後易形成邊坡較陡峭的美麗造形，這種現象也常發生在大火山的旁邊。所以，地質學者們就稱紗帽山為七星山的寄生火山，它山頂的小平凹處可不

步道及路標

樹刻為松鼠咬痕

是火山口，只是流出的岩漿冷卻後收縮形成的凹陷，而那個小凹口的兩邊山嶺高低

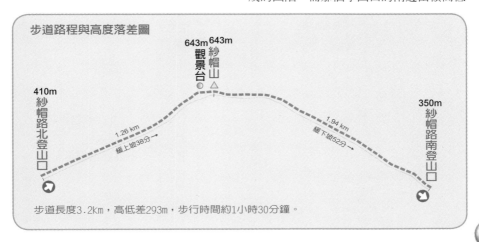

步道路程與高度落差圖

643m 643m
觀景台 紗帽山

410m 紗帽路北登山口

350m 紗帽路南登山口

1.26 km 緩上坡38分→

1.94 km 緩下坡52分→

步道長度3.2km，高低差293m，步行時間約1小時30分鐘。

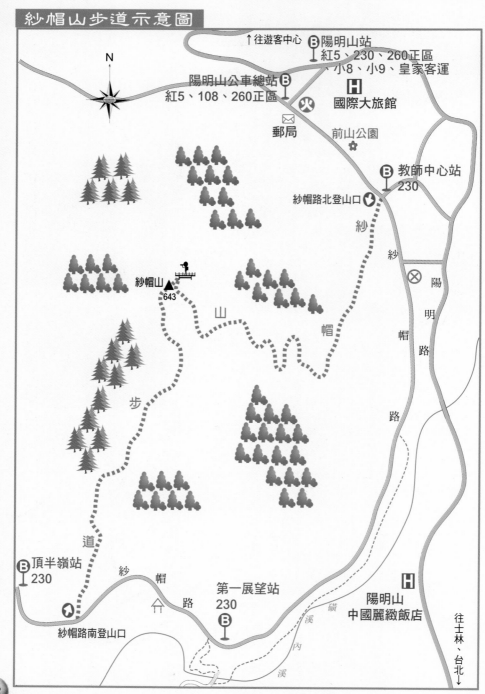

紗帽山步道示意圖

↑往遊客中心 🅱陽明山站
紅5、230、260正區
、小8、小9、皇家客運

陽明山公車總站 🅱
紅5、108、260正區

🔥

Ⓗ
國際大旅館

✉
郵局

前山公園

🅱 教師中心站
230

紗帽路北登山口 👤

紗

帽

路

⊗ 陽
明
山

紗帽山 ▲
643

山

步

道

🅱 頂半嶺站
230

紗帽路

第一展望站
230
🅱

紗帽路南登山口 👤

磺
溪

Ⓗ
陽明山
中國麗緻飯店

內
溪

往士林、台北→

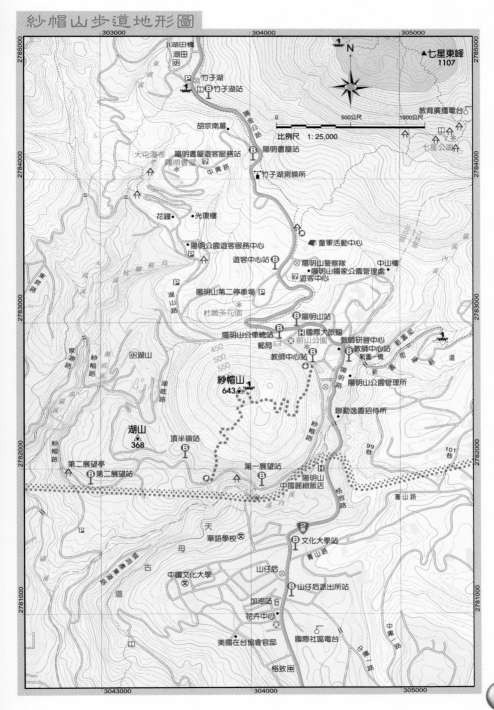

紗帽山步道地形圖

▲七星東峰
1107

比例尺 1：25,000
0　　500公尺　　1000公尺

教育廣播電台

七星公園

湖田橋
湖田
竹子湖
P
B竹子湖站

胡宗南墓

陽明書屋遊客服務站
陽明書屋
陽明書屋站

大屯瀑布

竹子湖測候所

中興路

花鐘　光復樓

童軍活動中心

陽明公園遊客服務中心
遊客中心站 B

陽明山警察隊
中山樓
陽明山國家公園管理處
遊客中心

陽明山第二停車場 P

杜鵑茶花園

陽明山站 B
H國際大旅館
教師研習中心
陽明山公車總站
郵局　前山公園
教師中心站 B
新園一橋
教師中心站

新園街

陽明山公園管理所

紗帽山
643

聯勤逸園招待所

湖山
368
頂半嶺站

99巷
101巷

第二展望亭
B第二展望站

第一展望站
H
陽明山中國麗緻飯店

P

華語學校

文化大學站 B

菁山路

中國文化大學

山仔后

山仔后派出所站 B

加油站

花卉中心

美國在台協會官邸

國際社區電台

格致園

紗帽山步道

石洞

相差了一點，形成非常美妙的不對稱組合，使人們從東北或西南方的遠處看它，都酷似古代的烏紗帽，紗帽山的名稱也就是這樣而來的。

　　紗帽山的森林昔日原為草山地區的邊緣，芒草叢生，經日治時代造林後才有今天的鬱閉森林，現正向著成熟森林發育中，路旁常見的相思樹、楓香、山櫻花、柳杉、黑松等，即是當年人工造林的遺跡。人工森林的特色是同種生物多而物種少，它們生活類型變化不大，通常對環境應變能力較差，但隨著自然演替，造林樹種逐漸死亡，終將發育成適合當地生存的闊葉樹森林狀態。

　　循登山口石階上去，一路緩坡塊石階梯步道，部份路段呈之字型蜿蜒而上。

位處七星山以南的紗帽山，因受到屏障之故，東北季風影響較小，且又劃屬在水源保護區內，樹木能夠生長得繁盛壯碩。本步道的林相自然完整，具有溫帶及亞熱帶交會的生態景觀，隨處可見台灣山蘇、姑婆芋、筆筒樹，和日治時代種植的山櫻花、濕地松、柳杉等，樹齡高達數十年，老樹依舊、綠蔭鬱閉，走在其間甚感清幽，不時有可愛的小動物出現，沿途蟲鳴鳥叫聲不斷，十分悅耳動聽。早春時節，櫻花和杜鵑爭相開放，花團錦簇、奼紫嫣紅，令人目不暇給。

　　步道過了路標0.8公里以後，地處平坦這意味到已上達山頭凹口部，在這裡出現柳杉和黑松，是人造林明顯的遺跡，沒過多久步道上一大片栗蕨，解說牌上正說明該蕨類的生態，雜木林上也爬滿其他種類的寄生蕨，真像蕨族大本營。走馬看花之際，突然發現右側林間不遠處有一塊岩石，岩面平整，似經人工鑿切過的，分別刻寫著「陳界」、「何界」。字跡雖不是新刻的卻很明顯，真少見如此立石為界。這附近有座著名的紗帽山古墓，墓主是姓陳，循著步道往前走幾步，就看到左側古墓前的旗竿座。前清家族中得有功名者才能豎立旗桿，古墳區似經整理過，通往古墓的路徑變得清晰，旗桿座上字跡可清楚辨識。上面寫著：「咸

紗帽山步道

豐乙卯科中式66名舉人陳霞林敬立」，這座古墓是咸豐五年（1855年）科考中舉人，清末大稻埕有名的士紳陳霞林祖母的墓，因此，得以在祖墳上設旗杆座暨立旗桿以示光宗耀祖。陳府的祖母墓則是建於「道光壬辰年」（道光12年，西元1832年）。從小徑走入，會先經過一座小墳，為陳霞林祖母的婢女墓，再過去幾公尺，就是陳霞林的祖母墓，墓園不大，大體仍維持古樸的面貌。附近沒有其它的墳墓，這裡極可能是陳家的私人土地。曾有主張紗帽古道之說者，就以古墓和古界石來當佐證，實有待考據。

到達山頂，首先看到標示往登山口1公里和幾棵看來很老的樹，走在紗帽山上總是脫離不了古老，有一處開闊的觀景台搭建在安山岩上，設有解說牌。從這裡可以往北遠眺七星山、大屯山以及小觀音山，山腳下就是陽明山後山公園，並且可以鳥瞰中山樓的全貌，陽明山區自然景觀與人文建築盡收眼底，坐看湧雲起，令人心曠神怡。

紗帽山標高643公尺，三等三角點，

紗帽山頂遠眺七星山

基石立在離觀景台約30公尺外的步道旁，往紗帽路南登山口的方向走，稍加注意即可見到。標高約550公尺，路標0.4公里以後，路段顯然陡峭，直到路標0.8公里前，標高約400公尺，短短的400公尺路程下降了150公尺高度，所以從南登山口上來的人，就會感覺步道陡了許多。

到達南登山口，剩0.2公里將走完全程，綜觀紗帽山的林相、植被組成，會發現較低層的是人造相思樹林的殘餘，稍高的人造黑松林和柳杉林及原生的紅楠、小

紗帽山山形猶如烏紗帽

紗帽山山頂展望台

花鼠刺等群落。藏身於林叢中的筆筒樹，都長得非常高大，這種需要潮濕而向陽的樹，大概也適合在此成長吧！隨著時間的推移，我們可以清楚看出，在人工造林和栽植觀賞用樹之後，紗帽山的植被已慢慢步入了另一個演化的階段，適合此地生存的原生植物慢慢將取代人工種植的樹種。

續行至南登山口接上紗帽路，往右邊沿著紗帽路朝北投方向約行300公尺，可達230公車頂半嶺站；亦可往左邊沿著紗帽路朝陽明山方向，經第一展望台（有坍塌之虞已封閉），行約450公尺可達230公車第一展望站。

紗帽路南登山口

交通資訊

🚌 大眾運輸

1. 陽明山公車總站：紅5(捷運劍潭站至陽明山)、108(遊園公車)、260正區(東園、台北車站至陽明山)
2. 陽明山站：紅5(捷運劍潭站至陽明山)、230(捷運北投站至陽明山)、260正區(東園、台北車站至陽明山)、小8(石牌至竹子湖)、小9(復興站至竹子湖)、皇家客運(台北至金山)
3. 教師中心站(紗帽路)：230(捷運北投站至陽明山)
4. 頂半嶺站：230(捷運北投站至陽明山)

🚐 自行開車

1. 仰德大道→格致路→陽明路→陽明山公車總站→紗帽路→北登山口或南登山口
2. 淡水、三芝→101縣道→101甲縣道(百拉卡公路)→陽金公路→陽明山公車總站→紗帽路→北登山口或南登山口
3. 金山→陽金公路→陽明山公車總站→紗帽路→北登山口或南登山口
4. 北投→新北投→泉源路→鼎筆橋→紗帽路→南登山口或北登山口

🅿 停車場

鄰近無停車場，前山公園旁紗帽路可供路邊停車，唯車位有限，籲請民眾儘量搭乘大眾運輸工具。

遊憩景點

前山公園

又稱中正公園，爲台北市政府工務局公園路燈工程管理處管轄，位於陽明山仰德大道旁，園內造景古樸典雅，設有花圃、游泳池及溫泉公共浴室，每到假日這裡總是人潮不斷，非常熱鬧；園區空氣清新，風景優美，民眾至此可享受林區芬多精的洗禮。

動物生態

台灣騷蟬

這是大型的蟬種，頭呈暗綠色，軀體呈褐色帶有綠紋。頭部顏面中央具黃色帶；體長約3～5公分，在本區此蟬會在6～9月出現，以7至8月份最多，成群的鳴叫至爲嘈雜，乃台灣產蟬中音量最大者。

黑翅蟬

體長約2.5公分，頭部及複眼黑色，額頭橙紅色，口吻部及腳爲黑色，中胸背板兩側有橙斑，腹面橙色，翅膀灰黑色略透明。其成長當幼蟲成熟後不經過蛹的階段，直接羽化爲成蟲；分布於低海拔山區，成蟲於4～6月出現。

植物生態

粟蕨

多年生草本，又叫北投羊齒，生長在中低海拔林緣及山坡地向陽處，根莖長，被狹細之栗色鱗片。葉柄粗狀、暗黑而有光澤。葉片羽狀複葉，基部小羽片常退化如托葉狀；孢子囊群線形，在葉緣附近呈連續性之線狀排列，被假孢膜所覆蓋。

五節芒

陽投公路旁零星分佈有五節芒的群落，這種陽性先驅植物，葉線形長90～120公分，寬2～3公分，地下莖發達，植株高大約2～3公尺，開花時花序可高達4公尺，花期大多集中在5～6月間。花穗白色，老熟後可當花材及捆紮作成掃帚，葉鞘及莖桿可製成芒紙、搭蓋屋頂，頂端嫩心則可食用。

山櫻花

屬於薔薇科，山櫻葉橢圓形、鋸齒緣，葉背脈明顯，葉嫩時葉柄基部可找到絲狀構造的托葉，由於托葉早落，在老葉片基部只保留明顯的蜜腺一對。開花紫紅色，具長柄，常3～5朵簇生於葉痕上，果實成熟時爲紫紅色，約在12月下旬至4月間開放。

我的登山記錄
地點：
時間：

心情
點滴

位置圖

陽明山國家公園

竹子山　住金山
住三芝
大屯山　七星山　擎天崗　磺嘴山
管理處及遊客中心
住台北

擎天崗系

擎天崗位於七星山主峰東方七股山、頂山與磺嘴山之中間鞍部，泛指竹篙山與石梯嶺一帶的山谷，為竹篙山之熔岩向北噴溢所形成的熔岩階地，東西長10餘公里，視野遼闊。由於地勢平坦，又有連綿的草原，在清末就有草原的記載，日據時期更在此成立大嶺峠牧場。以往曾為狩獵採硫的孔道，亦是昔日金山至台北販賣魚貨必經之地，為昔日交通樞紐。

【絹絲瀑布步道】
　菁山路登山口→擎天崗遊客服務站

【金包里大路（魚路古道）】
　擎天崗城門→天籟社區入口（一重橋）登山口

【擎天崗環形步道】
　擎天崗嶺頭喦→擎天崗城門→擎天崗嶺頭喦

【頂山・石梯嶺步道】
　擎天崗遊客服務站→風櫃口登山口

【坪頂古圳步道】
　平等里步道口→坪頂古圳步道口站

細說擎天崗……

擎天崗又名太陽谷，因為其獨特的大面積類地毯草原，與矮灌叢景觀，自軍事管制區解除之後，早已成為北台灣頗富盛名的草原遊憩據點，本園成立後劃屬特別景觀區；因草原上無大樹或建物供遮蔭，每年夏日都會有晴空豔陽的景象，因此有「太陽谷」之稱。這裡目前仍時而可見牛隻悠閒漫步於青青草坡上，景緻閒逸幽靜，是踏青、賞景、散心、聯誼的好地方。

▋竹篙山　830公尺
竹篙山位於七星山系與五指山系連稜間，由擎天崗南面分出支稜的高峰，山頂渾圓開闊、展望極佳，是俯視大台北地區的最佳地點，其旁原土地調查圖根點之基石已遺失，大片草原綿延空曠、視野良好，北面與擎天崗連稜，綠草如茵、生氣盎然，漫步其間、滿目青翠，是健行團康的最佳去處。

▋石梯嶺　865公尺
石梯嶺是從擎天崗寬稜延伸所隆起的尖坡，七星山系的東稜向東邊迤邐而來，在石梯嶺分成90度直角，向北延伸的稜脈屬磺嘴山系；往南方向下延展，過頂山與五

石梯嶺步道

指山系接壤，石梯嶺成了銜接兩山系的樞紐地帶。沒有山峰的石梯嶺卻是擎天崗一帶的最高地，三角點保林基石埋在步道上，一不小心容易錯過；草坡之外只有矮灌叢，視野開闊，這裡也是走頂山線步道必經之地。

▋頂山　768公尺
位於石梯嶺稜線南下接五指山系的中途，是台北縣瑪鋉溪流域和台北市雙溪流域的分水嶺，山頂是平坦草坡地，三等三角點基石之外還有一顆分水嶺界石，此區山巒疊嶂、柳暗花明，步道間有多處山坡草原開闊景觀，常讓遊者為之驚艷讚歎，惟特別提醒遊客此地經常濃霧瀰漫，行進間易迷失方向，應特別小心。

擎天崗草原

▋擎天崗　799公尺
位於磺嘴山系的西伸尾稜上，無山峰亦無基點；由於四周山巒皆在八百公尺以上，因此擎天崗更顯得低平。太陽谷即為擎天崗以東的山稜，放眼望去連綿數公里，迤邐起伏盡是矮草坡地，舊名「大嶺峠」、「嶺頭喦」或「牛埔」等。每當微風輕送，草波徐緩起浪，即見風吹草低見牛羊的北國風情，讓遊客神遊塞上風光。

擎天崗步道

擎天崗在那裡？

擎天崗系

- 天籟社區
- 一重橋
- 八煙
- 金包里大路
- 大油坑
- 擎天崗遊客服務站
- 冷水坑遊客服務站
- 擎天崗城門
- 絹絲瀑布步道
- 石梯嶺
- 陽明山國家公園管理處遊客中心
- 擎天崗環形步道
- 竹篙山（水井尾山）830
- 菁山苗圃
- ▲頂山 768
- 頂山·石梯嶺步道
- 風櫃口
- 往台北
- 坪頂古圳步道
- 平等里
- 聖人瀑布

= 親子級

絹絲瀑布步道

■攻登路徑■

自菁山路101巷菁山小鎮公車站牌登山口起，經絹絲瀑布直到擎天崗遊客服務站，全程約2.2公里，時間約1小時30分。

小15公車菁山小鎮站牌，往前幾步右手邊步道口指標明顯，從登山口進入後，步道寬闊好走，過沒多久有一條水圳沿步道

絹絲瀑布擎天崗登山口

絹絲瀑布

而行，這條水圳叫山豬湖圳。昔日山豬湖地區居民的農作物，全靠這條水圳的水來灌溉，也是當地水生動物及蛙類的棲息地。

從步道旁滿佈青苔的古圳和竹林，就讓人感受到這條步道有濃郁的人文歷史跡痕，絹絲瀑布步道是魚路古道的一部份，即是現稱金包里大路的向南延續路段。早年金包里（現在的金山）漁民捕獲的魚貨就是經由這條步道翻山越嶺至擎天崗，過去稱之為大嶺峠，再走絹絲瀑布步道至山仔后，再下山到士林、北投、天母一帶販售，所謂的魚路古道就是如此由來。

林蔭蒼鬱、間或竹影灑滿一地，時而清風徐徐、流水潺潺，走在這樣的步道上、真教人心曠神怡。步道沿著溪畔蜿蜒而上，路過山壁小隱泉處，掬一把往臉上抹、沁心涼。過了幾處木棧板，清澈悅耳的淙淙溪流水聲，慢慢變大時，絹絲瀑布就在不遠處了。

絹絲瀑布位於內雙溪上游的支流冷水坑溪，溪水從大約20公尺高的岩壁上跌落下來，拉成雪白如絹絲光澤般的瀑布，水量不大、頗具絹秀之美。此處地質鬆軟，容易崩塌、落石，瀑布區本處以柵欄圍住，豎立危險、禁止進入的警示牌，請遊客勿擅入。瀑布下方的石頭，因水質中含有鐵礦物質，而被沖刷成紅色，頗

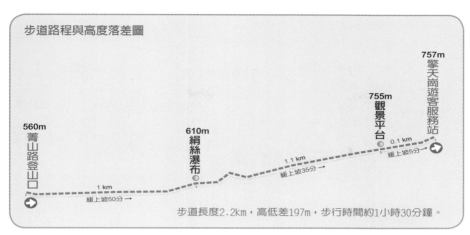

步道路程與高度落差圖

757m
擎天崗遊客服務站

755m
觀景平台

0.1 km
緩上坡5分→

610m
絹絲瀑布

1.1 km
緩上坡35分→

560m
菁山路登山口

1 km
緩上坡50分→

步道長度2.2km，高低差197m，步行時間約1小時30分鐘。

有特色。

　　瀑布前方過橋，步道旁有座椅數張，可稍做休息、因為前方步道開始陡上坡，此處因原有步道崩塌而採高繞，過一座長亭隨即接回主線步道；沿溪石階步道略有

絹絲瀑布步道為金包里大路南段

步道途中

絹絲瀑布步道與水圳同行

步道塊石路段

起伏，不久來到一叉路口，前方小攔砂壩下一潭清澈淺灘，林蔭處有休息座椅，自成一小休憩區。

　　三叉路口排除回頭路，其它兩條是殊途同歸，循著路牌指標走，拾級而上，穿

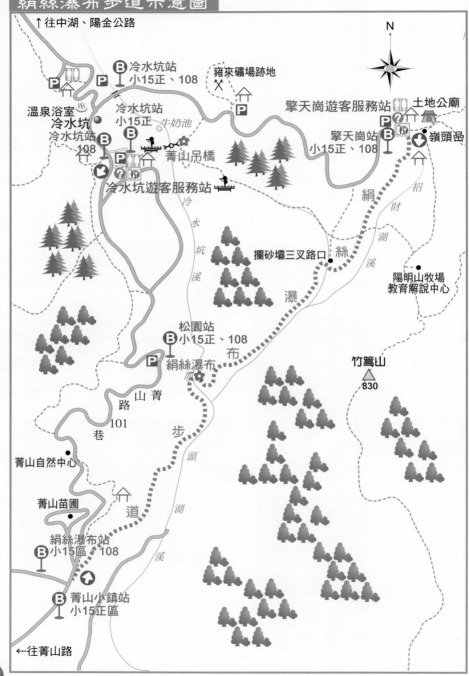

絹絲瀑布步道示意圖

↑往中湖、陽金公路

N

P
冷水坑站
小15正、108

雍來礦場跡地

溫泉浴室
冷水坑
冷水坑站

冷水坑站
小15正

牛奶池

擎天崗遊客服務站
土地公廟

P

嶺頭喦

冷水坑站
108

菁山吊橋

擎天崗站
小15正、108

冷水坑遊客服務站

絹
絲
溪

招
財
湖
溪

攔砂壩三叉路口

絹
絲
瀑
布

陽明山牧場
教育解說中心

冷
水
坑
溪

松園站
小15正、108

P
絹絲瀑布

竹篙山
830

山
菁
路
巷
101

步
頭
湖
溪

菁山自然中心

道

菁山苗圃

絹絲瀑布站
小15區、108

菁山小鎮站
小15正區

←往菁山路

絹絲瀑布步道地形圖

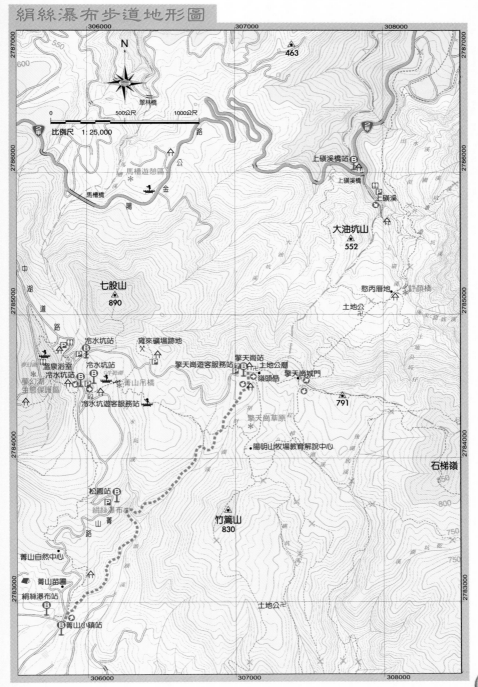

N

0　　　　　500公尺　　　　1000公尺

比例尺 1：25,000

463

馬槽遊憩區

上礦溪橋站
上礦溪橋
礦溪

大油坑山
552

七股山
890

許顏橋
憨丙厝地
土地公祠

冷水坑站
雍來礦場跡地
擎天崗站
擎天崗遊客服務站　土地公廟
溫泉浴室　　　　　　嶺頭喦　　擎天崗城門
冷水坑站
夢幻湖
生態保護區
冷水坑遊客服務站
791

擎天崗草原

陽明山牧場教育解說中心

石梯嶺

松園站
絹絲瀑布

竹篙山
830

菁山自然中心

菁山苗圃
絹絲瀑布站

菁山小鎮站

絹絲瀑布旁小橋遊客正欣賞瀑布景觀

過雜木林，突然你會覺得樹少了，芒草多了，步道石板也變得古色點，擎天崗快到了，又碰到兩個很接近的叉路口，選擇往擎天崗遊客服務站方向，即可達終點。

　　絹絲瀑布通往擎天崗的魚路古道上之解說牌，說明金包里大路的築路特徵，道路中間石頭大、兩邊小，為的是先民挑重擔走在大石上便於使力，如今歲月磨平圓石的古道遺跡，卻讓後世的我們更好走。步道兩旁是芒草，七星山、竹篙山伴行左右，路尾設一圍牛的柵門，怕牛隻闖入遊客園區，稍拐個彎有一雙層涼亭，展望四周，綠草如茵、遠處山稜層疊，擎天崗

盡收眼底，此行絹絲瀑布步道健行已近尾聲，不妨走到擎天崗遊客服務站參觀一下，站內備有許多遊園與交通資訊，方便遊客參閱索取。

交通資訊

B 大眾運輸

1. 絹絲瀑布、擎天崗站：小15正區(捷運劍潭站至擎天崗站)、108(遊園公車)
2. 陽明山公車總站：紅5(捷運劍潭站至陽明山)、108(遊園公車)、260正區(東園、台北車站至陽明山)
3. 陽明山站：紅5(捷運劍潭站至陽明山)、230(捷運北投站至陽明山)、260正區(東園、台北車站至陽明山)、小8(石牌至竹子湖)、小9(復興站至竹子湖)、皇家客運(台北至金山)

＊108遊園公車於陽明山公車總站轉乘

🚗 自行開車

本步道起點於菁山路101巷和新園街連絡道交叉路口至擎天崗，開車遊客可利用步道起訖點附近停車場停放，再搭乘108遊園公車或小15公車往返或回原地取車。

1. 仰德大道→山仔后→菁山路→菁山路101巷→冷水坑→擎天崗
2. 淡水、三芝→101縣道→101甲縣道(百拉卡公路)→陽金公路→中湖→中湖道路→冷水坑→擎天崗
3. 金山→陽金公路→馬槽橋→中湖→中湖道路→冷水坑→擎天崗
4. 北投→新北投→泉源路→鼎筆橋、紗帽路→陽金公路→中山樓→新園街連絡道→菁山路101巷→冷水坑→擎天崗

P 停車場

1. 冷水坑2號停車場(冷水坑公共溫泉浴室對面)
2. 冷水坑1號停車場(冷水坑遊客服務站前/收費)
3. 擎天崗停車場(擎天崗遊客服務站前/收費)

步道往金包里大路入口處涼亭

遊憩景點

絹絲瀑布

是內雙溪上游的一條支流，溪水從20公尺高的岩壁上輕刷而下，鋪成雪白如絹絲般的瀑布，頗具絹秀之美。可惜此處地質鬆軟，容易崩塌、落石，瀑布區以柵欄圍住，豎立著危險、禁止進入的警示牌，遊客只能旁觀欣賞，切勿入內玩水。

太陽谷

擎天崗草原日據時代就是放養水牛的牧場，舊稱大嶺峠，又名太陽谷，為台北市農會陽明山牧場所在地。太陽谷即是由擎天崗以東的山稜，放眼連綿數公里，迤邐起伏儘是矮草坡地，蒼穹茫茫，無一林木遮蔽視線，每當微風輕送，草坡徐緩起浪，即見「風吹草低見牛兒」的北國風情，雖然現在已少見到牛隻，但是讓遊客神遊塞上風光、開情優雅的氣氛，台北地區大概只有這裡可以享受的到吧！

動物生態

小雲雀

體長約15公分，其垂直飛行身影，宛如直升機般，又叫聲嘹亮婉轉，持續不休，煞是逗趣。只聞其聲，不見其影，是典型的領域行為。通常出現在平原之農田地帶，也出現在海岸、河谷、草原等較空曠之處。

斯文豪氏赤蛙

為台灣特有種，身體顏色變化大，綠底雜有黑褐色斑，有些是黃褐色底雜有綠斑點，但會隨環境而改變深淺。雄蛙有築巢的習性，於5至9月繁殖，卵塊產於溪邊石頭上，雄蛙會在巢中叫著「啾、啾」似鳥叫的聲音以吸引雌蛙，而雌蛙則通常會選擇聲音較低沈的大型個體完成交配。

植物生態

阿里山赤車使者

多年生草本植物，單葉、平面互生，葉基耳狀、葉緣鋸齒，羽狀葉，葉脈末端癒合成網絡。其葉片為階狀排列，適合水珠的傳遞與微弱光線的分配利用，故在潮濕封閉林下為優勢種植物。全株肉質，幾無毛，花不起眼，萼片綠色，尖刺狀，花瓣五枚，淡紫透明。為台灣特有種，在台灣中北部低海拔普遍分佈。

我的登山記錄
地點：
時間：

心情
點滴

＝ 健腳級

金包里大路（魚路古道）

■攀登路徑 ■

　　金包里大路，又稱魚路古道。「草山風，竹子湖雨，金包里大路」向來是形容陽明山景物的台語俗諺。金包里大路（魚路古道）是園區內最具代表性的人文史蹟古道，為昔日金山（金包里）至士林（八芝蘭）的聯絡孔道，除了交通之外，尚有習俗、迎娶活動及魚貨、茶葉、硫磺、牛隻的運送等經濟功能，甚至於軍事用途。於日據時代還留下一篇可歌可泣的抗日英雄史，是一條具有濃厚人文色彩及歷史背景的古道。台灣光復前後，由於金山一帶水產豐富、漁業繁盛，故漁民穿著草鞋，挑著漁獲夜溯磺溪，翻越攀天崗（昔稱大嶺），經山仔后，清晨則可抵達士林、大稻埕叫賣，因此這條山徑又稱魚路古道，除了是魚路道外，它同時也是婚姻道、茶道、牛道、行軍道、硫磺道等。日據初期，抗日義軍簡大獅率其部眾曾活躍於攀天崗一帶，與日軍周旋。簡大獅曾參與反攻台北城，亦多次襲擾日

金包里大路

軍。明治31年（1898），日軍採誘降政策，簡大獅接受歸降僅月餘，因憤慨日警橫

金包里大路回首看獅子頭

步道路程與高度落差圖

760m
攀天崗城門

1.3km
陡下坡60分→

518m
許顏橋

2.9km
下坡110分→

334 m
八煙登山口

2.4km
下坡100分→

262m
天籟社區入口（二重橋）登山口

步道長度6.6km，高低差498m，步行時間約4小時30分鐘。

105

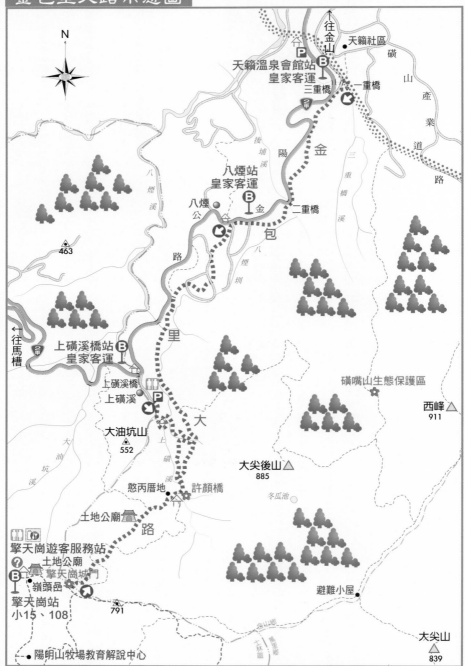

金包里大路示意圖

N

天籟社區

↑往金山

天籟溫泉會館站
皇家客運

三重橋
一重橋

磺山產業道路

後埔溪

陽

金

三重橋溪

八煙站
皇家客運

八煙公路

金包里

二重橋

八煙圳

463

往馬槽→

上磺溪橋站
皇家客運

大油坑溪

上磺溪橋
上磺溪

大油坑山
552

里

上磺溪

大

磺嘴山生態保護區

西峰
911

憨丙厝地

許顏橋

大尖後山
885

冬瓜池

土地公廟

路

擎天崗遊客服務站

土地公廟

擎天崗城門

嶺頭嵒

擎天崗站
小15、108

791

避難小屋

陽明山牧場教育解說中心

大尖山
839

金包里大路地形圖

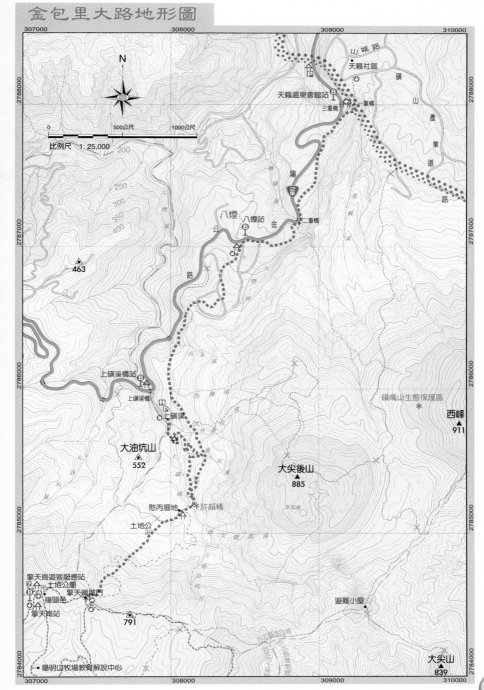

N

比例尺　1:25,000

0　　　　　500公尺　　　　1000公尺

天籟社區
山城路
磺山產業道路
天籟溫泉會館站
三重橋
重橋
陽
二重橋
金
八煙
八煙站
公
路
463
上磺溪橋站
磺嘴山生態保護區
西峰
911
上磺溪橋
上磺溪
大油坑山
552
大尖後山
885
冷水池
憨丙厝地
土地公廟
許顏橋
擎天崗遊客服務站
土地公廟
擎天崗城門
嶺頭喦
避難小屋
擎天崗站
791
大尖山
839
陽明山牧場教育解說中心

暴，又謀叛變。12月日軍大舉進襲簡大獅部眾之工寮，部眾潰敗，於是簡大獅潛逃至廈門。明治33年(1900)，清廷廈門當局應日本政府之請求，逮捕簡大獅，並交予日本政府押返台灣。簡大獅被判死刑，於宣判日立即槍決。

金包里大路（魚路古道），依據文獻記載，英國博物學家斯文豪（Robert Swinhoe）曾走過這條古道，從金山礦港漁村至台北士林，全程約30餘公里，目前在兩端（金山及士林段）多因都市建設而被破壞，現今保存較完整的僅剩北起金山八煙的「綠峰山莊」，南迄陽明山山仔后菁山路101巷71弄口「菁山小鎮」。若以擎天崗的嶺頭啞崙為界，以北為「魚路古道北段」，以南為「魚路古道南段」。魚路古道南段因通過絹絲瀑布，又稱為「絹絲瀑布步道」。魚路古道北段原已湮滅，於民國82年，經由本處同仁的調查探勘，才

金包里大路城門

金包里大路（河南勇路）

自荒堙蔓草中發現這段古道，委託專家妥善規劃，於沿途設自導式解說牌，自此之後，魚路古道一躍為本園內熱門的明星古

大路邊田解說牌

道，山友走訪絡繹不絕。現今所指的金包里大路是「魚路古道北段」，本路段其實是由二條古道交錯而行，一條稱為河南勇路，寬約6呎，名稱的來源是在雞心崙的山丘上有一處營盤，傳說是清兵河南勇營駐紮及練兵之所在；另一條為日人路，寬約9呎，為日據時代日軍為消滅抗日義軍，沿等高線修築了一條可拉炮管的道路，故此路又稱炮管路，為了能輕鬆的拉起炮管，所以此路採坡度較緩的之字形修築。一般而言，金包里大路多指河南勇路而言。

大路起點從擎天崗上的城門開始，經二層坪下水源地、大石公、賴在厝地大路邊田到憨丙厝地，過許顏橋抵圓型小

金包里大路（日人路）

廣場又路口，右行往上番坑瀑布、八煙圳，經陽金公路八煙登山口，直到天籟社區入口（一重橋）登山口，全

程約6.6公里，時間約4小時30分鐘左右。亦可從圓型小廣場叉路口，左行往車埕到上磺溪停車場登山口，至陽金公路搭乘皇家客運。

　　暢遊本步道之前，得先從擎天崗遊客服務站上方的土地公廟，沿草原上的石塊步道依指標路徑前行，到城門後，循步道往下行，沿線有多處魚路古道與日人路交會，路口豎有路線解說圖和指標。嶺腳坪是兩路首先交會處，清朝曾有一兵營在此，隨著階梯而下，就是二層坪，　二層坪是一處平坦的台階地，在二層坪下，有一水源，從小山溝裡冒出水來，泉水清澈沁涼，這處水源是這一路段少有的，所以從前由金包里經此的擔魚人或趕路人，一定會停下來休息喝水。

　　在二層坪旁有一座頗圓的山崙稱圓

叉路指示牌

山，駐足此地可見前方大油坑的磺煙裊裊，及舊時厝地的田園階地景觀。過二層坪後則遇一陡坡稱百二崁，原有路跡久經沖蝕，路面陡斜難以通行，現已修復。百二崁之下，東側聳立一塊大石，人稱大石公，是金包里(金山)通到八芝蘭(士林)道路整修的分界點，大石公以上的路段由草山、山豬湖居民負責；大石公以下則由金包里的人負責，這也呼應了當時日據末期，日人實施的保甲制度，每一戶人家需提供壯丁義務勞動。

　　過大石公後便進入森林，此段沿溪而行，路過土地公廟，如此小廟，經常見於

古道或登山步徑中，步道兩側殘留有以前人家居住的田園景觀，「賴在厝地」遺址，綠竹、菜圃夾雜於樹林當中。繞出竹林後，只見眼前豁然開朗，一片綠草如茵，其實這原本是舊時人家的田地，但現已沒有耕作，只留平坦短小的類地毯草以

日人路與河南勇路叉路口指示牌

步道遺跡

小土地公廟

憨丙厝地

途中石板橋

憨丙厝地解說牌

當年辛苦的過路人行走其中，也會因有此大自然的樂章而忘卻辛勞。

　　續前行，則遇另一昔日厝地，「憨丙厝地」此厝地為早期的店仔地，專賣草鞋、糕餅、飯粥及簡易器具等服務過往旅人，現已由復舊整建為展示及休憩涼亭，遊客至此可於休憩亭內稍作休息，並藉展示亭內的解說牌了解金包里大路石屋、石橋及石階步道的打造方式。

　　經過憨丙厝地不久後，即見魚路古道又與日人路交叉，由日人路往上行約15分鐘，有一茅草石屋緊倚日人路旁，這是一戶昔日以打山豬為生的人家，當地人喚此地為「山豬豐厝地」。

　　由此折返魚路古道，淙淙水聲流過許顏橋，橋頭有打石場的昔日石板樣本及解說。最早的許顏橋修築於西元1896年，搭建於金

及灌木狀的粟蕨。　賴在厝地及大路邊田附近有百二崁溪流經，動植物生態豐茂，早期曾是凱達格蘭人及漢人拓墾之地，被稱為「番坑聚落」。此區域留下極多人文遺址，如土地公廟、菁礜、石厝、茶寮、牛舍、梯田等，都值得旅人細細領略。沿溪而行，傾聽流水潺潺、鳴蟲吟唱，遙想

途中石板橋

包里大路所經3條溪溝中最寬的上磺溪河面。許顏係石門人士，以製茶為業，其正確的名字應為許清顏，此橋即為許清顏所修，修橋的動機是為擔運茶葉所需，為防粗茶過溪濺水潮濕，影響品質，才有此橋。由於是許清顏修築，再經大家口耳相

許顏橋

傳，就變成橋的名稱。此橋於日據時代已遭沖毀，新橋係考據其拱型舊觀於民國85年復舊，倚橋佇足，令人愈發思古之幽情。

過了許顏橋後，不久步道又在一處圓型的叉路口一分為二，右為魚路古道，左為日人路往上磺溪停車場。往右走，清朝古道之魚路古道，隱藏在林中，人跡罕至原始質樸，路面塊石青苔斑斑起伏較

許顏橋

多。路標2.0公里處過了小石板橋，再走一段路後，來到番坑溪，小木橋下水量豐沛，因河床陡峭，濺起陣陣水花，有如萬馬奔騰，傾瀉而下，形成下游的上番坑瀑布，在路標3.0公里後出現水圳交叉而過，這條水圳是「八煙圳」。水圳裡流水湍急，生機盎然。看到八煙圳，表示八煙已不遠了。在距擎天崗城門約3公里處附近，地形陡峭地質不穩容易坍塌，請小心通過。再轉回圓型小廣場叉路口，往左走進入日人路，過路標2.4公里不久，即可遠遠聽到滂沱水聲渲洩而下，一道如白鍊般的番坑瀑布映入眼簾，行路至此，清涼水氣陣陣襲來，讓人心曠神怡，消除了路途的疲憊。小木橋橫跨在上，這瀑布是從上面傾瀉下來的，佇立橋上觀瀑，激流迎面而來。過後路變為更寬闊，這裡叫車埕

番坑溪木棧橋

上磺溪解說牌

車埕爐灶

曾經開採白土礦，因此拓寬路面供鐵牛車載運礦石，古道途中還有一當年礦工煮飯的紅磚灶在步道旁，據說紅磚灶附近有大菁生長著，步道彎繞一圈，路標3.0公里處過後，一下步道口，就是寬廣的觀景亭台，塊石台面圍有護欄，面對上磺溪谷，

後面長廊型涼亭有一串解說牌，瀏覽一遍，能對金包里大路有所認識和了解。走過金包里大路，恍如進入時光隧道般，所見所聞是魚路古道也好，或是婚姻道、茶道、行軍道也罷，且讓我們緬懷先民的勤奮刻苦、開荒拓土的精神，讓我們為保護這條歷史古道，付出一份心力吧！

水泥車道直通到步道口，這裡就是上磺溪停車場，供遊客停放車輛用，搭乘大眾運輸工具的遊客可到陽金公路旁候車亭等候公車。

■交通資訊

Ⓑ 大眾運輸

1. 上磺溪橋站、天籟溫泉會館站：皇家客運（台北-金山）
2. 擎天崗站：小15正（捷運劍潭站至擎天崗站）、108（遊園公車）
3. 陽明山公車總站：紅5（捷運劍潭站至陽明山）、108（遊園公車）、260正區（東園、台北車站至陽明山）
4. 陽明山站：紅5（捷運劍潭站至陽明山）、230（捷運北投站至陽明山）、260正區（東園、台北車站至陽明山）、小8（石牌至竹子湖）、小9（復興站至竹子湖）、皇家客運（台北-金山）

＊108遊園公車於陽明山公車總站轉乘

🚗 自行開車

本步道起點為擎天崗至天籟社區一重橋，開車之遊客可利用步道起訖最近的停車場，再搭乘皇家客運及108遊園公車回原點取車。

1. 仰德大道→山仔后→菁山路101巷→冷水坑→擎天崗
2. 淡水、三芝→101縣道→右轉101甲縣道（百拉卡公路）→陽金公路→中湖→中湖道路→冷水坑→擎天崗
3. 金山→陽金公路→天籟溫泉會館站→八煙→中湖→中湖道路→冷水坑→擎天崗
4. 北投→新北投→泉源路→鼎筆橋、紗帽路→陽金公路→中山樓→新園街連絡道→→菁山路101巷→冷水坑→擎天崗

叉路指標

步道途中的石板長橋

Ⓟ 停車場

1. 冷水坑1號停車場（冷水坑遊客服務站前/收費）
2. 冷水坑2號停車場（冷水坑公共浴室前）
3. 擎天崗停車場（擎天崗遊客服務站前/收費）
4. 上磺溪停車場（魚路古道上磺溪停車場出口）

遊憩景點

許顏橋

許顏橋修建於西元1896年，搭建於金包里大路所經三條溪溝中最寬的上磺溪河面。許顏（本名許清顏）是石門人，當時修橋是為擔運茶葉所需，經口耳相傳，橋的名稱即稱許顏橋。此橋於日治時代已遭沖毀，新橋係由本處考據其拱型舊觀於85年復

舊，倚橋佇足，令人愈發思古之幽情。

動物生態

台灣藍鵲

屬台灣特有種。雜食性，性情凶猛，會攻擊其他鳥種。但另一方面卻有家族相互扶持的精神；性喜群居，在生育季節，親鳥育雛時，前幾年出生未有繁殖機會的近親，會幫助親鳥育雛，擔任保

姆和守衛的角色，具有強烈的護巢行為，對於侵襲者會毫不留情的攻擊，直到對方離開為止。

植物生態

山菅蘭

又叫桔梗蘭，為多年生草本植物；葉互生多數密集，披針形，先端漸尖形，長約

40～50公分，寬3～5公分，花莖長可達1公尺以上，花序圓錐狀，藍紫色花，極少數為白色，花被6片排成2輪；漿果藍紫色球形，莖汁有毒，不可食用。

野牡丹

低海拔常綠小灌木，花紫紅色，因花大美豔而得名，為眾多野花中極具觀賞價值者。經長

時間演化結果，其對環境適應性高，極耐酸、耐硫、耐貧瘠，號稱酸土指示植物，且對病蟲害、風害及空氣污染的抗性亦甚強。

台灣龍膽

花冠淡藍色，花瓣白色，看起來鮮豔動人，令人賞心悅目；每年6、7月開花，適應力很強，不易凋謝。陽光充足的草生地或峰頂岩石隙縫

中，都可以見到它們欣欣向榮地生命力。

大菁（山藍）

山藍又稱「馬藍」，一般稱它為大菁，因為忌直射的陽光，適合生長在低海拔背山坡地，故名「山藍」；是一種屬於爵床科的草本植物，多年生草本植物，喜歡潮溼陰冷，或山溝溪旁

的腐植土區，是為藍染的主要植物。

我的登山記錄
地點：
時間：

心情
點滴

= 親子級

擎天崗環形步道

攀登路徑

擎天崗環形步道，從擎天崗土地公廟經陽明山牧場教育解說中心、碉堡指標叉

擎天崗陽明山牧場教育解說中心

路口，過紅漳湖溪小木橋、城門，轉回土地公廟，支線由碉堡指標叉路口往竹篙山，抵達山頂碉堡，而後原路轉回，走完全程所需時間約2小時左右，平均坡度4至6度，適合闔家共遊。

擎天崗是陽明山國家公園熱門的草原景觀區，名聞遐邇，早在日據時代的民國23年，日本人即有設置大嶺牧場(包括今擎天崗、冷水坑、七股山)的計劃，而這些類地毯草據說最早是由日本人種植的。台灣光復後，民國41年政府依據原大嶺牧場中的擎天崗、冷水坑一帶規劃設置了陽明山牧場，由當時的陽明山管理局、士林鎮公所、北投鎮公所、陽明山農會、士林

竹篙山山頂碉堡

農會及北投農會等6個單位共同來經營。台北市改制為院轄市以後，此牧場即歸屬台北市農會經營，因此在擎天崗附近看到的牛隻都是陽明山牧場放牧的。這些牛隻是北投、士林，金山等地農民寄養的，寄養牛隻均須繳交少許的寄養費，寄養工作是協助農閒時間牛隻的照顧（每年4月至11月牧場開放經營，而12月至歷年3月因天氣嚴寒牧場不開放）。

擎天崗的形成是竹篙山之熔岩，向北噴溢所形成的熔岩階地，東西長約10餘公里，幅員廣大，視野遼闊，由於地勢平坦，又有連綿的草原，夏季無樹可供遮蔭，豔陽高照，故有「太陽谷」之稱。本

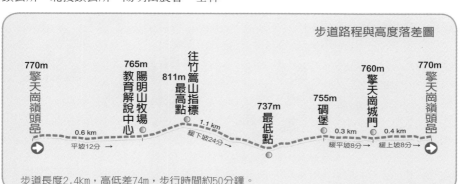

步道路程與高度落差圖

770m 擎天崗嶺頭喦

765m 陽明山牧場教育解說中心

811m 往竹篙山指標 最高點

737m 最低點

755m 碉堡

760m 擎天崗城門

770m 擎天崗嶺頭喦

0.6 km 平坡12分 →
1.1 km 緩下坡24分 →
0.3 km 緩平坡8分 →
0.4 km 緩上坡8分 →

步道長度2.4km，高低差74m，步行時間約50分鐘。

擎天崗環形步道示意圖

N

嶺頭喦
擎天崗遊客服務站
土地公廟
擎天崗站
B
小15正、108
環形步道指標
擎天崗城門
環形步道指標
P

←往冷水坑

招財
湖
溪

擎天崗環形步道

紅樟

碉堡

往絹絲瀑布叉路指標

小木橋

湖溪

陽明山牧場
教育解說中心

往竹篙山指標

碉堡
△
830
竹篙山

礁坑溪

溪

擎天崗環形步道地形圖

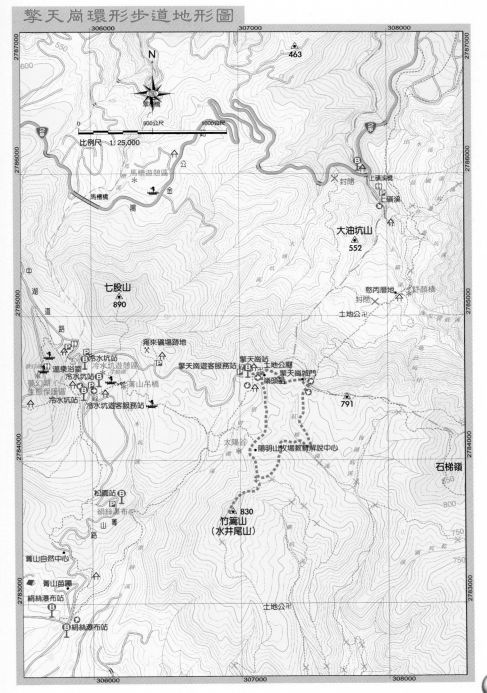

N

0　　　　500公尺　　　　1000公尺
比例尺　1：25,000

463

上磺溪橋
封閉
上磺溪

大油坑山
552

七股山
890

憨丙厝地
封閉
許顏橋
土地公坪

雍來礦場跡地

擎天崗站
擎天崗遊客服務站
土地公廟
擎天崗城門
嶺頭喦

冷水坑站
冷水坑遊憩區
冷水坑站
溫泉浴室
夢幻湖生態保護區
冷水坑站
菁山吊橋
冷水坑遊客服務站

791

太陽谷

陽明山牧場教育解說中心

石梯嶺

松園站
絹絲瀑布

竹篙山
（水井尾山）
830

菁山自然中心

菁山苗圃

絹絲瀑布站

絹絲瀑布站

土地公坪

竹篙山山腰

區多崗巒爲內雙溪之源頭，地扼金山、萬里、平等里、山仔后、陽明山、礦嘴山、頂山、五指山步道交通之要衝，尤其區內的竹篙山更是俯視大台北地區之最佳地點，此處步道自成一環形系統，可探訪欣賞圍繞在草原四周的優美山形。

步道開頭先由嶺頭邑土公地廟起，從擎天崗遊客服務站旁或公車站前，階梯上去，一眼就可看見土地公廟和位於廟後方短坡上的涼亭，廟蓋得不是很大，卻也美崙美奐，香火鼎盛。經過廟就有一處柵門，通過後，依指標往竹篙山方向走，步道筆直寬大，環顧四周，綠草如茵，放眼望去，壯闊的草原風光，那青翠綿延的崗嶺，令人陶醉。前方的竹篙山後方的七股山，環繞在左右的七星山、礦嘴山、大

後尖山、石梯嶺等，隨著我們的步伐，展現出不同的身影。不久步道旁出現一座由台北是農會設置的「擎天崗陽明山牧場教育解說中心」，中間固定的展示牌有擎天崗牧場的歷史沿革簡介等。

擎天崗昔稱大嶺、嶺頭、大嶺峎、牛埔等。由於地勢廣闊平坦，自古以來即爲平埔族凱達格蘭人金包里社、毛少翁社聚落往來、狩獵、採硫必經之地，金包里大路又叫魚路古道，蜿蜒越嶺而過，歷經了原住民、荷蘭人、明鄭時代、清朝時期、日治年代及民國政府管轄至今，先民們留下許多豐富的人文史蹟。

日治時代曾在山區普遍造林，然而卻禁止放牧，讓農民感到不方便，於是在民國14年由台北州政府設立「大嶺牧場」，由士林鎮公所負責經營管理，並由州政府分5年撥付5,000元補助，於牧草四周築土壘、挖溝渠，以防止牛隻逃逸，同時築有事務所兩棟、牛舍、宿舍等，牧場以寄養耕牛爲主，農民將耕牛寄養既可節省人工及飼料且讓放牧耕牛有適當運動，強健體魄；在需要耕耘的季節，農民隨時可至牧場領回，甚爲便利，讓農民們十分方便，也喜歡如此的方式寄養。牧場當時也飼養

擎天崗環形步道支線上竹篙山

牧場教育解說中心門牌

時，是水牛覺得最舒適的時候。

擎天崗牧場的歷史距今已將近80年，曾經有過千餘頭牛隻在這草原上放養，那滿山遍野的牛群場面，想必是非常壯觀，如今整個擎天崗牧場寄養的牛隻只剩40隻而已。再過一段時間，別說看不到水牛耕田的畫面，連水牛長得怎麼樣都要到

草原上的台灣水牛

試驗性肉用牛約百餘頭，全場最盛時牛隻更達近2,000隻。

　　台灣水牛的飼養包括兩種型態，一種是沼澤型，另一種是河川型。本牧場及本省各地之水牛屬於沼澤型，其顏色是灰藍色，大而後彎的角是其特徵之一。此種水牛喜歡在泥巴中水浴，分佈在菲律賓以西到印度，主要為役用及肉用，極少數用在乳用。水牛喜歡用水浴的方式散熱，而不喜歡找涼爽的樹蔭，當溫度及濕度高時，每天可以水浴5小時，當水牛浸在水中或泥中，半張著眼睛反芻

碉堡叉路指標

動物園去看，所以在此特地把台灣水牛鉤勒一下。

　　離開解說中心，步道緩坡上升，來到碉堡指標叉路口，先往右繞過碉堡，上竹篙山去，此刻發現步道兩旁芒草高過人頭，塊石步道一路好走，很快就到達山頂，竹篙山沒三角基石，原有圖根點基石遺失了，頂上也有一座制高點的碉堡，四

陽明山牧場

周展望絕佳，真有戰事確實是個戰術據點。對面的七星山和七股山，冷水坑遊憩區夾在山腳下，擎天崗一覽無遺，近景石梯嶺、杏林山、頂山，放遠則大尖山、大尖後山、磺嘴山歷歷在眼前，令人徜徉山巔久久不忍離去。

　　原路返回碉堡指標叉路口，續往前走，下坡路段，直到紅樟湖溪小木橋，此段景觀有別於嶺頂類地毯草原，取而代之的是大片芒草高地，假枍木的灌叢和紅楠、小花鼠刺、日本灰木構成的小樹林，在樹林邊緣你可以看到雙扇蕨、裏白、芒萁這一群喜愛陽光的蕨類植物構成的草叢，這些就是谷地景觀的代表。過小木橋後，步道又往上爬，最後還是又見到無所不在的碉堡，有點戰地風光的感覺，經過擎天崗城門，再回到土地公廟、嶺頭喦，結束今天登山健行的活動。

交通資訊

Ⓑ 大眾運輸

1. 擎天崗站：小15正（捷運劍潭站至擎天崗）、108（遊園公車）
2. 陽明山公車總站：紅5（捷運劍潭站至陽明山）、108（遊園公車）、260正區（東園、台北車站至陽明山）
3. 陽明山站：紅5（捷運劍潭站至陽明山）、230（捷運北投站至陽明山）、260正區（東園、台北車站至陽明山）、小8（石牌至竹子湖）、小9（復興站至竹子湖）、皇家客運（台北至金山）

* 108遊園公車於陽明山公車總站轉乘

🚗 自行開車

1. 仰德大道→山仔后→菁山路101巷→冷水坑→擎天崗
2. 淡水、三芝→101縣道→101甲縣道（百拉卡公路）→陽金公路→馬槽→中湖→中湖道路→冷水坑→擎天崗
3. 金山→陽金公路→馬槽→中湖→中湖道路→冷水坑→擎天崗
4. 北投→新北投→泉源路→鼎筆橋→紗帽路→陽金公路→馬槽→中湖→中湖道路→冷水坑→擎天崗

🅿 停車場

1. 擎天崗停車場（擎天崗遊客服務站前/收費）
2. 冷水坑2號停車場（冷水坑溫泉浴室前）
3. 冷水坑1號停車場（冷水坑遊客服務站前/收費）

遊憩景點

竹篙山

竹篙山居高臨下，四周擁有大片草原低地，因此視野廣闊，山頂碉堡位置可俯視大台北地區，此處步道自成一環形系統，除可探訪欣賞圍繞在草原四周的優美山形外，行走或靜坐其間，偶有禪定之感受。竹篙山是圓錐形的火山，山上的草地足以和太陽谷媲美，是郊外踏青的最佳場所之一。

動物生態

鼬獾

屬肉食性貂科，灰色的皮毛，頭頂至背中央有一白色縱紋；眼後之臉部與額頭亦為白色，或略帶黃色，臉部尖如鼠，鼻子為粉紅色。為夜行性動物，白天躲在自行挖掘的洞穴中，夜晚則四處覓食；遇敵害時會排放臭氣以趨走敵人，因而被叫做「臭狐狸」。（相片為標本）

植物生態

小花鼠刺

虎耳草科，灌木至小喬木；單葉互生，長橢圓形至披針形，葉身5至7公尺長，葉柄有時呈紫色，鋸齒稀疏至密變化，為台灣特有種。葉下弧形羽狀脈，順葉緣向上延伸極長，並有特殊而細緻的橫脈，花白色，總狀花序，成串開出，5月為其花期。

尖葉槭

尖葉槭是落葉性喬木，高可達20公尺，樹皮綠色平滑，單葉互生，葉身長6～9公分，有鋸齒緣，常呈淺三裂，有時呈淺五裂，故常被誤以為台灣紅榨槭。冬季時葉子僅轉為純黃色，並不轉紅。分布於中海拔的山區，本園區零星分布在擎天崗至磺嘴山稜線有大量族群，屬於陽性先驅植物，果為翅果。

假柃木

屬於茶科，葉極小，硬革質，平面式互生，緊密排列，葉身1至3公分長，細鋸齒，先端微凹頭，弧形羽狀脈，邊緣相合，形成網眼。假柃木葉小，硬革質，花期1至2月，花如牛糞味。本種為台灣特有種，分布於本島中部海拔1,300到2,300公尺的草原。

121

我的登山記錄
地點：
時間：

心情
點滴

 = 🦶 健腳級

頂山·石梯嶺步道

攀登路徑

　　頂山、石梯嶺步道，從擎天崗嶺頭喦土地公廟，經石梯嶺、柳杉林、頂山，到萬溪產業道路風櫃口，全部路程約6.6公里，所需時間約3.5小時左右。平均坡度為6～7度，雖然步道比較長，倒是一條極為優美且遊客較少的登山步道。隨著類似地毯草開闊地與茂盛柳杉林及混合林的相間呈現，頂山上的金毛杜鵑群，宛如坐著森林列車，穿過碧綠原野、綠色隧道與花團錦簇的世界，是一條極具輕鬆、休

嶺頭喦的土地公廟

登山口指標指示

閒價值的步道。

　　擎天崗嶺頭喦上的土地公廟，似乎是各步道的總樞鈕，本步道也是從土地公廟開始，廟前是一處丁字路口，前方是往絹絲瀑布步道（魚路古道的南段），右方是回到遊客服務站，往左方向走，馬上就碰到一道柵門，柵門前也是一個十字路口，有指標指示，左為金包里大路（魚路古道北段）入口，右為環狀步道往竹篙山，前行進入擎天崗草原。

　　擎天崗自從規劃為草原特別景觀區供民眾遊憩使用後，現在已成為園區內的熱

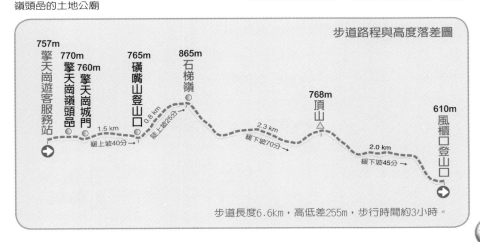

步道路程與高度落差圖

- 757m 擎天崗遊客服務站
- 770m 擎天崗嶺頭喦
- 760m 擎天崗城門
- 765m 礦嘴山登山口
- 865m 石梯嶺
- 768m 頂山
- 610m 風櫃口登山口

1.5 km 緩上坡40分→
0.8 km 陡上坡25分→
2.3 km 緩下坡70分→
2.0 km 緩下坡45分→

步道長度6.6km，高低差255m，步行時間約3小時。

頂山・石梯嶺步道示意圖

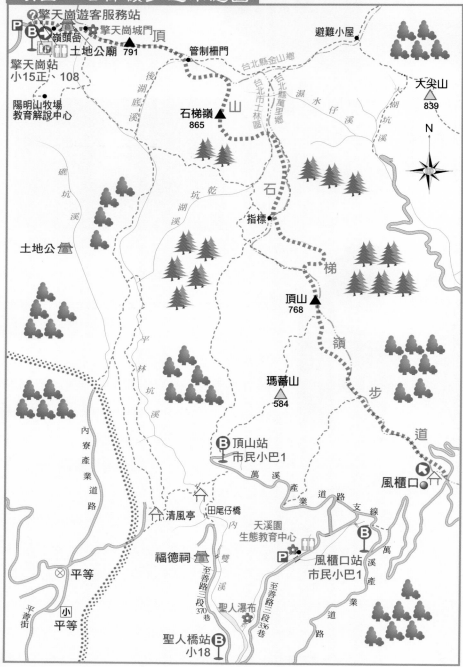

P
B
? 擎天崗遊客服務站
嶺頭喦
擎天崗城門
頂
土地公廟 791
避難小屋

擎天崗站
小15正、108
管制柵門

陽明山牧場
教育解說中心

後湖底溪
台北縣金山鄉
台北縣萬里鄉
台北市士林區
濕水仔溪
大湖坑溪

大尖山
839

石梯嶺
865

山

N

礦坑溪

乾坑湖溪

石

指標

梯

土地公

頂山
768

瑪蕃山
584

嶺

步

平林坑溪

B 頂山站
市民小巴1

道

風櫃口

內寮產業道路

萬溪產業道路
支線

B

清風亭
田尾仔橋
內雙溪

天溪園
生態教育中心

風櫃口站
市民小巴1

平等
福德祠
至善路三段370巷
聖人瀑布
至善路三段336巷
萬溪產業道路

平菁街
小平等

聖人橋站
小18

頂山・石梯嶺步道地形圖

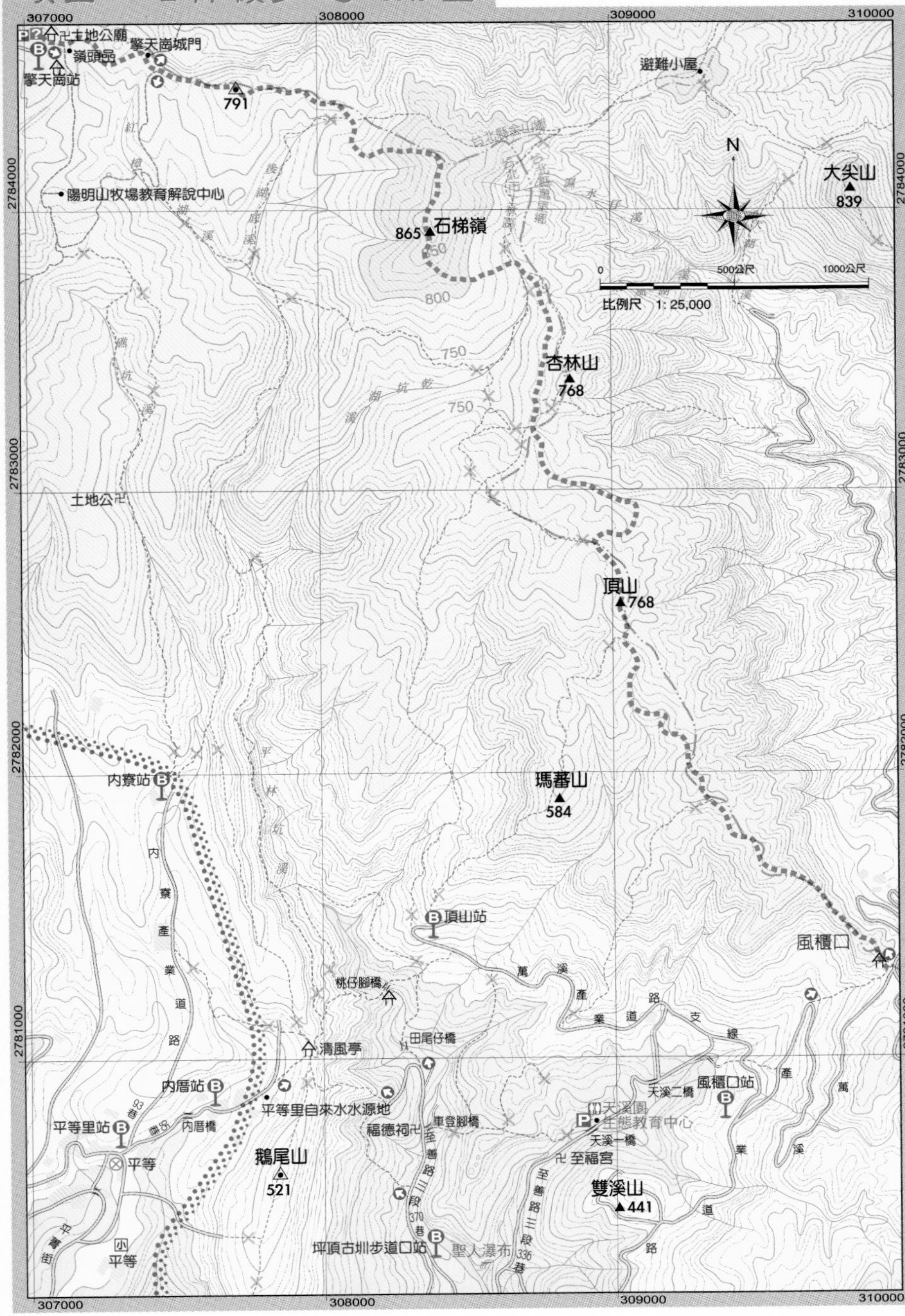

土地公廟
擎天崗城門
嶺頭喦
擎天崗站

▲791

避難小屋

陽明山牧場教育解說中心

石梯嶺
865▲

N

大尖山 ▲
839

杏林山
▲768

0　　　　500公尺　　　　1000公尺
比例尺　1 : 25,000

土地公

頂山
▲768

瑪蕃山
▲584

內寮站 B

內寮產業道路

頂山站

桃仔腳橋

清風亭

田尾仔橋

風櫃口

內厝站 B

平等里自來水水源地

福德祠

車登腳橋

天溪二橋

風櫃口站 B

天溪園
生態教育中心

至福宮

天溪一橋

內厝橋

平等里站 B

平等

鵝尾山
521

雙溪山
▲441

小平等

坪頂古圳步道口站

聖人瀑布

307000　　308000　　309000　　310000

2784000
2783000
2782000
2781000

125

步道途中方向指示牌

往石梯嶺步道

石梯嶺步道

門遊點之一，由於過度踐踏的結果，已造成草皮受損地表裸露。本處呼籲遊客在娛樂之餘不忘生態環境之保護，留給後來者也能飽覽青青草原的自然風光。

　　來到城門，城門處過去曾是抗日義軍簡大獅紮寨的地方，現在所見的城門是後來設計的入口意象，隨後步道慢慢往山巒走去，約1.3公里處，爲接往生態保護區磺嘴山的路口，欲進入需事先申請核准，圍籬門前豎有禁止告示牌，磺嘴山生態保護區敬告遊客「本區已規劃爲國家公園生

態保護區，未經申請許可，不得進入，否則依國家公園法及其他相關法律，最高可罰新台幣15,000元。」，續往前行幾分鐘後便進入雜木林區，行走一段路後，出樹林緩坡上升至山崗上，短草地上芒草叢生，數公尺外石梯嶺三角點基石，幾乎埋在步道上，僅露出一點頭，很容易錯過，保林基石編號18字跡已入土無法辨識，這裡就是石梯嶺。石梯嶺標高海拔865公尺，是整條步道的最高點，雖然沒有山尖，但此處展望卻極佳，是個視野開闊的高地，遠遠可眺望擎天崗草原，往左往右極目四望，四周皆是叫得出名字的山嶺，竹篙山、七星山、小觀音山、竹子山、大尖山、大尖後山、磺嘴山、鹿窟坪等，在此可盡情欣賞陽明群山。

　　嶺上步道起伏不大，走起來輕鬆愉快，可是毫無遮蔭，須防備陽光直晒，以免晒傷。一段緩坡下到路標2.4公里處，是一片平坦的小草原，綠草如茵，常有登

柳杉人工造林區

石梯嶺步道往擎天崗途中

山團體或遊客，三三兩兩席地而坐，是途中休息的好地方。經過一段有零零落落杉木的樹林，路口往西方向，小而美的草原，和擎天崗一樣是類地毯草草原，和擎天崗不一樣的是它的幽靜，可說是台北後花園中的祕密桃花源。來到這兒，儘管躺著假寐，聽風從耳畔吹過，感覺雲在頭頂流動，祕密享受愜意浮生。繼續前行約7

分鐘，進入谷地柳杉人工造林區，柳杉林區是頂山、石梯嶺步道中最為幽緻的路段，沿途經過日據時期的柳杉造林地。歷經數十載的成長歲月，滿谷遍野筆直粗壯的林木，聳然參天，因為山谷潮溼，柳杉樹幹附長苔蘚，青色斑斑，蒼樸而有緻，流過林中涓涓溪水，連日多雨，小溪更為豐盈，可聽到潺潺細湲水流聲。暫離步道走向溪畔，林間空氣清新怡人，沿著東西走向的溪谷，走過一段後，步道朝南緩坡上升，慢慢離開了柳杉林區，和杉木漸行漸遠。

頂山，標高海拔768公尺，一顆三等三角點，頂上並無明顯的山峰，而是一片平緩的草坡，四周山巒遠遠環繞著。頂山、石梯嶺一帶的山

石梯嶺步道

頂山平緩的草原區

山嶺比較平緩,而向五指山鞍部風櫃口方向去迅速下降高度,所以從風櫃口,登山口起登的步道比較陡峭,整條步道落差較大也是在這一段。這裡是以金毛杜鵑著名的頂山,過頂山後步道一路下坡,首先碰到一片柳杉林,林相雖然沒有前面谷地好,也算是不錯,繼往前步道進入濃蔭密蔽的雜木林。一路走來有高山草原、矮箭竹、芒草、柳杉林、杜鵑和假枅木灌叢,嶺上迎風面,以草原景觀為主,山谷背風面,又有多雨滋潤,便形成森林景觀,景觀變化於兩種山林風貌之間,是本步道的自然特色。路標5.4公里是山谷地形面向東北,長期受東北季風侵襲,成為純芒草坡,每屆深秋芒花浪白,前來一遊會有不虛此行之感。接著約有300公尺陡坡路段,五指山區的公路蜿蜒在山腳底下隱約可見,離風櫃口登山口已不遠了。至風櫃口登山口,沿萬溪產業道路下行約2公里,可達公車市民小巴1風櫃口站,一天僅4班車,若是往下走到聖人橋頭,搭小18公車車次會比較多,步程約40分鐘可抵。

峰,是昔日大屯、七星火山群熔岩覆蓋所形成的,山多平緩,不見明顯山形,頂山即是明顯的例子,感覺這裡只是一處平緩草坡而已。在靠近步道邊另外有一顆「瑪鍊溪水源」的基石,標明是瑪鍊溪與內雙溪的分水嶺,一邊屬於瑪鍊溪流域,流向萬里入海,另一邊為基隆河流域,最後匯入淡水河。頂山從石梯嶺方向過來,

石梯嶺步道

風櫃口登山口

交通資訊

Ⓑ 大眾運輸

1. 風櫃口站:市民小巴1(捷運劍潭站至風櫃口站,每天僅4班車,山區隨招隨停。)
2. 聖人橋站:小18(捷運劍潭站至聖人瀑布)
3. 擎天崗站:小15正(捷運劍潭站至擎天崗)、108(遊園公車)
4. 陽明山公車總站:紅5(捷運劍潭站至陽明山)、108(遊園公車)、260正區(東園、台北車站至陽明山)
5. 陽明山站:紅5(捷運劍潭站至陽明山)、230(捷運北投站至陽明山)、260正區(東園、台北車站至陽明山)、小8(石牌至竹子湖)、小9(復興站至竹子湖)、皇家客運(台北至金山)

＊108遊園公車於陽明山公車總站轉乘

Ⓒ 自行開車

步道起點為擎天崗至萬溪產業道路風櫃口,自行開車最好能接駁,否則只好回原地點取車。

1. 仰德大道→山仔后→菁山路→菁山路101巷→冷水坑→擎天崗
2. 淡水、三芝→101縣道→101甲縣道(百拉卡公路)→陽金公路→中湖→中湖道路→冷水坑→擎天崗
3. 金山→陽金公路→中湖→中湖道路→冷水坑→擎天崗
4. 北投→新北投→泉源路→鼎筆橋→紗帽路→陽金公路→中山樓→新園街連絡道→菁山路101巷→冷水坑→擎天崗
5. 中山北路五段→福林路→至善路→聖人橋→至善路三段336巷→萬溪產業道路→風櫃口

Ⓟ 停車場

1. 冷水坑1號停車場
   (冷水坑遊客服務站前/收費)
2. 冷水坑2號停車場(冷水坑公共浴室前)
3. 擎天崗停車場
   (擎天崗遊客服務站前/收費)

動物生態

台灣野兔

屬於兔科,為台灣特有亞種,棲息於平地至海拔2,500公尺左右的山區,在陽明山國家公園區內則廣泛分布在

農作區、森林、灌叢與草原交界處。台灣野兔身體呈灰褐色的保護色,為草食性,繁殖力強,每年可生3至4胎,一胎可生數隻,目前在人跡及棄養犬較少之處仍可見其呈圓顆粒狀墨綠色的排遺。

植物生態

雙扇蕨

又稱破傘蕨、半把繖、灰背雙扇蕨,為多年生蕨類。根莖匍匐,質硬,密生黑褐色毛狀鱗片。其2叉分歧的主脈具有古老蕨類植物之特徵,可以說是一種活化石象徵;且其葉表多蠟質,可適應寒冷之氣候,極具觀賞價值。

柳 杉

杉科常綠喬木,葉如魚類尖牙之鑿形,黃綠至綠色,扁平而先端銳尖稍彎,互生,呈螺旋狀排列,葉質堅韌。毬果綠色,成熟轉褐開裂,徑3公分。引入台灣造林後,現已成海拔800～2,200公尺間最常見的造林及外來樹種之一。

我的登山記錄
地點：
時間：

心情
點滴

= 親子級

坪頂古圳步道

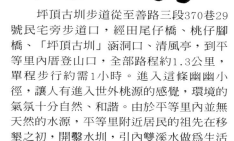

■ 攀登路徑 ■

　　坪頂古圳步道從至善路三段370巷29號民宅旁步道口，經田尾仔橋、桃仔腳橋、「坪頂古圳」涵洞口、清風亭，到平等里內厝登山口，全部路程約1.3公里，單程步行約需1小時。進入這條幽幽小徑，讓人有進入世外桃源的感覺，環境的氣氛十分自然、和諧。由於平等里內並無天然的水源，平等里附近居民的祖先在移墾之初，開鑿水圳，引內雙溪水做為生活

內厝社區登山口

平等里登山口

飲用、農田灌溉之用，因此水源充足，不虞缺水。步道共經過三條平等里地區的水圳，平等里清代舊稱「坪頂」，清乾隆6年（西元1741年）起，坪頂地區農民先後興建「坪頂古圳」、「坪頂新圳」等兩條提供當地灌溉水源的水圳，日據時代再興建「登峰圳」，於西元1909年完工，所以即使是最年輕的登峰圳，也快100歲了，坪頂古圳堪稱是台北地區的骨董級水利工程。

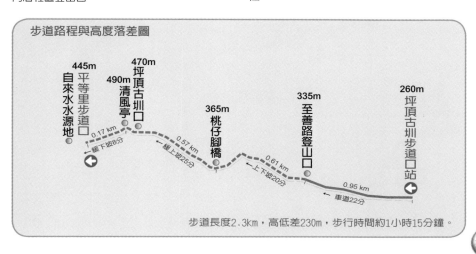

步道路程與高度落差圖

445m
平等里步道口
自來水水源地

490m
清風亭

470m
坪頂古圳口

365m
桃仔腳橋

335m
至善路登山口

260m
坪頂古圳步道口站

← 0.17 km 緩下坡8分
← 0.57 km 緩上坡25分
← 0.61 km 上下坡20分
← 0.95 km 車道22分

步道長度2.3km，高低差230m，步行時間約1小時15分鐘。

坪頂古圳步道示意圖

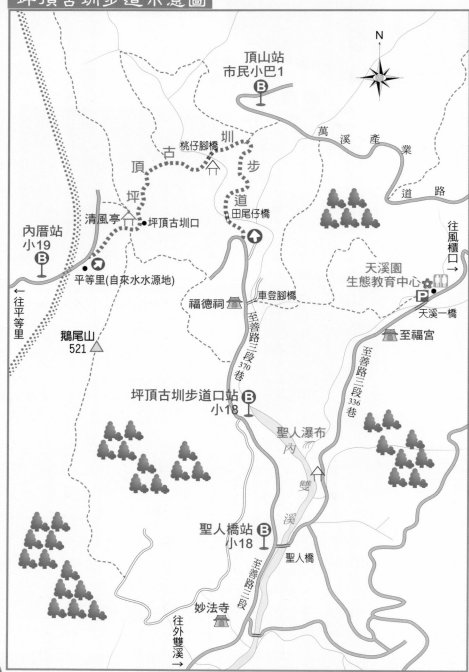

N

頂山站
市民小巴1
B

萬溪產業道路

古　圳　步　道

頂　坪

桃仔腳橋

田尾仔橋

清風亭

坪頂古圳口

內厝站
小19
B

← 往平等里

平等里(自來水水源地)

車登腳橋

福德祠

至善路三段370巷

鵝尾山
521

坪頂古圳步道口站
小18

天溪園
生態教育中心
P
天溪一橋

至福宮

往風櫃口 →

至善路三段336巷

聖人瀑布

內

雙

聖人橋站
小18

溪

至善路三段

妙法寺

聖人橋

往外雙溪 →

坪頂古圳步道地形圖

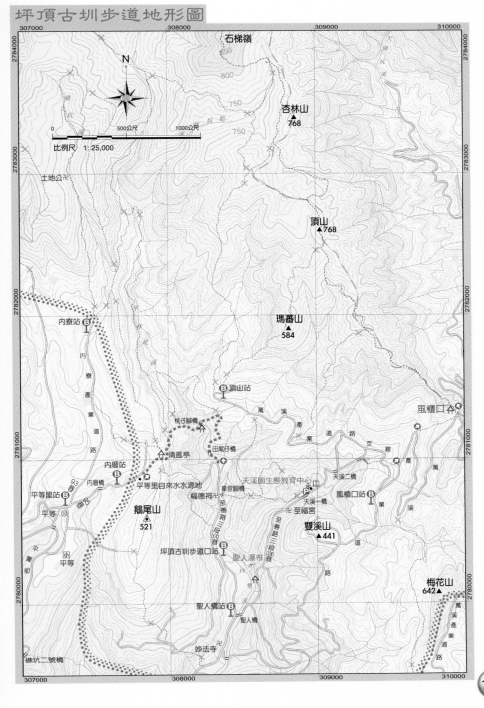

石梯嶺

杏林山
▲768

頂山
▲768

瑪礁山
▲584

內寮站 B

B 頂山站

梳子腳橋

田尾仔橋

清風亭

內厝站 B
內厝橋

平等里站 B
平等

平等里自來水水源地

車登腳橋

天溪園生態教育中心

天溪二橋

風櫃口站 B

鵝尾山
▲521

坪頂古圳步道口站 B

聖人瀑布

聖人橋站 B
聖人橋

妙法寺

雙溪山
▲441

梅花山
642▲

礦坑二號橋

N

比例尺 1:25,000
0   500公尺   1000公尺

土地公

風櫃口

福德祠

至善路三段

萬溪產業道路

坪頂古圳步道位在海拔300至500公尺範圍內，清風亭附近則是步道的最高點，由此沿花崗岩步道而下，轉彎處有紅楠、栓木、樟樹、相思樹、芒草、竹子和月桃花夾道，步道入口處立有陽明山國家公園的界碑，過了界碑內便進入本範圍內。

平等里古稱「坪頂」，位於七星山脈東緣，地勢呈北高南低，北邊有多座800公尺以上的山峰，如石梯嶺、擎天崗環繞，南邊青礐溪谷；東西各有內雙溪及青礐溪，而內寮溪貫穿其中。此地春天多霧，夏、秋季氣候涼爽，多天因受東北季風影響，氣候溼冷，偶有機會見到冰雹，氣溫較台北市區為低。

登山健行遊客走訪坪頂古圳步道，建議利用大眾運輸交通工具較為方便，可自台北捷運劍潭站，轉搭小18公車至終點「坪頂古圳步道口」站後，往山上方向走約0.7公里，走到至善路三段370巷29號民宅前，路邊小叉路口設有步道登山口指標，循指標沿著屋旁小徑往下行，不久來到田尾仔橋，水泥小橋低低的橫跨在內雙

坪頂古圳出水口

步道途中清風亭

溪，視野頓時開闊，兩側溪谷巨石嶙峋，水質清澈，不同層次的綠將山谷邊坡妝點得豐富絢爛。過橋走竹林石階上坡路，竹林間有涼意，左右兩側高挑濃密的竹林，將藍天白雲隔離在外，刻意搭起了蓊鬱的綠色隧道。約0.6公里處有一叉路口，右直上石階路通往萬溪產業道路，往左下溪谷是到桃仔腳橋，取左轉變為下坡路。這段下坡路是沿著小溪谷走，溪水頗為豐沛，闊葉林木，茂密鬱蒼，僻靜幽然的氣氛，依然如舊。沒多久就抵桃仔腳橋，這座造形古樸的山中小橋，看來頗有歲月，橋面還保留著古雅的氣氛，橋柱橋欄的青苔，綠痕與綠樹相映，雅樸有緻，也讓人憶起往日先民的足跡。

續行上坡路段，在流水聲和濃濃綠蔭中，到達日據時期（西元1909年）由當地居民所鑿的「登峰圳」，次第而到的

步道沿著水圳走

第二條水圳「坪頂新圳」，這條水圳亦築於清朝道光年間（西元1849年），也該算是歷史悠久的古圳。涵洞口上方有「坪頂新圳」四個大紅漆字，這個歷史已超過150年的涵洞，民國89年時重新翻新，新鑿的渠道涵洞比人高，洞內寬闊，直通水道外，一旁也有步道，以便人員維修水圳。比較之下，歷史較晚的登峰圳，涵洞狹窄，反而較有古味。最後終於來到「坪頂古圳」，古圳水流豐沛，且清可見底，這條古圳闢建於清朝道光14年（西元1834年），作為平等里一帶飲水與灌溉之用，是一條有170多年歷史的古老水圳，由清風亭前石階直下不遠處，一條清澈的小水溝躍然眼前，目光順著水流來到山洞口，出現「坪頂古圳」四個大紅字，碑上刻有「道光15年（西元1835 年）開建」等字樣。

沿著土堤圳溝而行，溝中魚兒悠游，彷彿置身人間仙境。這裡是全線步道位置最高處的坪頂古圳，在步道半途轉入山中涵洞，洞口雖然以鐵門封阻，但洞口上的紅漆大字卻頗具年代；古圳穿山越嶺，引水到山另一邊的平等里，看著潺潺清流奔向洞內，不禁讓人想起先民

步道與登峰圳並行在林間

步道中田尾仔橋

開墾的蓽路藍縷，以及鑿圳引水的智慧。

過桃仔腳橋，開始上坡路，不久步道往下，另有二條水圳與古圳平行，分別是西元1849年及1909年闢建的坪頂新圳和登峰圳；在這兒可以看到不同時期開鑿圳溝的工法，有以石塊堆疊，或用水泥施作，與古圳的自然土堤相異其趣。

這三條水圳平行而建，水源都引自內雙溪，目前仍由七星農田水利會管理，水源豐沛，清澈甘美的水質，繼續提供平等里、溪山里源源不絕的農業民生用水，也奠定了平等里農業的基礎。自坪頂古圳步道拾級而上，由低而高依序會與登峰圳、坪頂新圳及坪頂古圳交會，沿著水圳溯源而上，還可以探訪上游的取水口，漫步在綠蔭蓊鬱的水圳邊，享受迎面微風，常

步道叉路口

桃仔腳橋旁涼亭

田尾仔橋古意盎然

讓人有置身桃花源「緣溪行、忘路之遠近」的感覺。離開清風亭後皆是下坡路段，直抵國家公園界牌登山口，再沿著內厝社區道路到公車內厝站，搭小19至捷運士林站或劍潭站，如果過內厝橋到平等里派出所前，將有更多的公車路線可選擇，步道起迄都有公車可接駁，交通很方便。走在這條步道上，目睹百年古圳、眺望秀麗的遠山，短暫的芬多精洗禮，足以讓人心曠神怡，忘卻煩憂。

■ 交通資訊

Ⓑ 大眾運輸

1. 坪頂古圳步道口站：小18（捷運劍潭站至聖人瀑布）
2. 內厝站：小19（捷運劍潭站至平等里）

🚌 自行開車

本路線起點平等里至內雙溪的至善路，自行開車的遊客最好能安排接駁，否則只能回原地點取車。

1. 仰德大道→新安路（陽明國小旁）→永公路→平菁街→平菁街95巷
2. 中山北路五段→福林路→至善路→至善路三段370巷

Ⓟ 停車場

鄰近無停車場，至善路三段路旁雖可供路邊停車，唯車位有限，籲請民眾儘量搭乘大眾運輸工具。

從步道看鵝尾山

遊憩景點

天溪園生態教育中心

天溪園是內雙溪支流－內雙溝溪的一個集水區，園區內溪流縱橫，終年水量充沛。由於受地形及氣候的影響，棲息地類型豐富，因此動物、植物種類繁多，各種鳥類、兩棲類動物、昆蟲等活躍於園區，放眼望去綠意盎然，讓遊客隨時可見爭艷展顏的花蹤，是一個具有自然生態與人文特色的天然教室。

入園申請：02-28617904分機17
專　　線：02-28414855
申請方式：採網路單一窗口向本處提出申請
申請網址：https://www.ymsnp.gov.tw/web
/system/apply3

動物生態

領角鴞

屬鴟鴞科，普遍分布於中低海拔處，俗名又叫貓頭鷹，白天通常站在有繁密樹葉的樹枝上休息，黃昏之後才出來活動，具有良好的保護色。有銳利的嘴與強猛的腳爪，以小型動物為主食，有集音能力，獵捕獵物時，可僅以聽覺判斷獵物之所在。

植物生態

筆筒樹

又叫蛇木，屬於大型樹蕨類植物，不開花也沒有果實與種子，以孢子繁殖，莖

幹高、葉柄粗，生長於潮濕陰暗的原始林中，老葉脫落後會在莖幹上留下橢圓形葉痕，莖幹上半部去髓乾燥後可作為筆筒，美觀耐用，也是筆筒樹得名的由來；莖幹下半部有層層的氣生根，這些氣生根削下之後稱為蛇木，常被用來栽培蘭花。

粟柄金星蕨

屬於金星蕨科。莖短，葉群聚生。葉柄栗褐色，具有多數褐色短小的鱗片，易掉落，葉二回羽裂，下部的羽片基部漸趨縮小，羽軸上表面具溝，是野外辨識的重要特徵。除栗蕨外，是另一代表陽明山區生態特色的蕨類。

樹杞

紫金牛科，葉互生，長橢圓形，薄革質，葉7～14cm，深綠，葉下羽狀脈不明顯，而中肋上有稀疏的微小褐點，樹形呈燭台式分枝，在側枝與主幹交接處，下延突出成拳腫狀。花期4～5月，於多風的山坡上，樹杞是抗風結構的成員之一，並佔據第一層樹冠。

我的登山記錄
地點：
時間：

心情
點滴

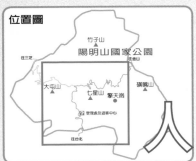

位置圖

陽明山國家公園

竹子山
住三芝　　　　　　住金山
大屯山　　七星山　擎天崗
　　　　磺嘴山
　　管理處及遊客中心
住台北

人車分道系統

本國家公園內除了公路系統外，步道的開闢通達園區內各主要山頭和遊憩據點，成為園區內重要建設之基礎；車道雖具省時與運量大之優點，卻易破壞資源與景觀，基於資源保育與排除人車爭道的危險，園區內劃設了環形的人車分道(分4條介紹)及百拉卡公路人車分道，引導遊客以徒步方式深入大自然，體會融入大自然中的愉悅。

【陽金公路人車分道】
　陽明山公車總站→七星山站

【百拉卡公路人車分道】
　七星山站→二子坪遊客服務站

【冷水坑‧擎天崗人車分道】
　冷水坑遊客服務站→擎天崗草原

【七星山站至冷水坑人車分道】
　冷水坑遊客服務站→七星山站

【菁山路及新園街人車分道】
　陽明山站→冷水坑遊客服務站

細說人車分道····

陽明山國家公園是北台灣大台北都會區的一部份，有台北市後花園之美名，園區山徑步道遍達園區內各山區和遊憩據點，成為今日園區內步道建設之基礎。國家公園基於資源保育理念，應建立以步徑為主之交通型態，提供步行者的活動使用，並對自然環境資源與地區美學品質產生的干擾降至最小。本處據此概念劃設人車分道；目前園區內已闢設5條完善的人車分道，供遊客使用。

陽金公路人車分道 約5.2公里

陽明山公車總站至陽金公路七星山站，沿著陽金公路左右而行，中間數處橫切過公路，路口均設有指示路標，途中經過遊客中心、七星山苗圃登山口、陽明書屋中興路口、竹子湖觀景平台等處，步道穿行於濃蔭林中，清涼好走。遊客中心多元化介紹園區，資訊豐富，不可錯過。竹子湖觀景平台展望良好，是遠眺大屯山絕佳的停駐點。

百拉卡公路人車分道 約2.5公里

從陽金公路七星山站至二子坪遊客服務站，一路沿著百拉卡公路下邊坡而行，因山腰地處陰涼，塊石步道青苔斑斑，添增幾分古意，途中觀景平台可俯瞰竹子湖、遙望七星山小油坑噴氣口，過鞍部氣象測候站、大屯山登山口後，綠蔭幽徑直抵二子坪遊客服務站。

冷水坑‧擎天崗人車分道 約1.8公里

從冷水坑遊客服務站起，到擎天崗大草原止，迎面而來的是造形優美的菁山吊橋，穿行於林相幽雅的人造杉木林區；雞心崙有前清「河南營」營盤舊址，遺跡已湮滅，徒留碉堡與觀景平台；續行過陽明山牧場，一片綠油油的草原，景緻讓人感動。

七星山站至冷水坑人車分道

約4.1公里

從冷水坑遊客服務站起，到陽金公路七星山站止，步道沿中湖道路而行，直到中湖開始沿著陽金公路走，沿途景觀以芒草山坡為主，秋天芒花浪白，成為步道主題之一，隔著清水溪谷遠眺竹子山群峰，崇山峻嶺、層巒疊嶂，景色十分優美。

菁山路及新園街人車分道 約5.2公里

自陽明山站起至冷水坑遊客服務站止，經過中山樓前沿著新園街連絡道之路肩行，途中休憩涼亭老樹對話，別有一番風趣。菁山路段是不一樣的景觀，視野開闊的步道在經過菁山自然中心後，進入羊腸小徑，林相變得十分豐富，其中，尤以蕨類族群種類最多，可謂不勝枚舉，是條多元化的步道。

人車分道在那裡？

人車分道系統

往三芝

往金山

大屯遊客服務站

101甲 二子坪遊客服務站

鞍部測候所

百拉卡公路人車分道

七星山站

小油坑
遊客服務站

七星山站至冷水坑人車分道

冷水坑
遊客服務站

冷水坑‧擎天崗人車分道

擎天崗草原

陽金公路人車分道

陽明山
國家公園管理處
遊客中心

菁山路及新園街人車分道

陽明山站

往台北

陽金公路人車分道

■■ 攀登路徑 ■■■■■■■■

陽金公路人車分道，從陽明山公車總站，經陽明山國家公園遊客服務中心、苗圃登山口、竹子湖站、直到七星山站，全部路程約5.2公里，平均坡度4到8度，時間約3小時35分左右。

陽金公路人車分道入口

由於陽金公路為陽明山國家公園區內主要交通幹道及登山路徑之一，面臨日增之交通流量，造成遊客登山健行安全暨生態保育之課題。於是，本處劃設人車分道系統，將車輛與行人分流，以維護遊客安全及分散健行活動壓力，在保育與遊憩並重理念下，提供遊客充滿綠意蟲鳴且無車輛干擾的步行空間，並配合解說牌，以自

塊石步道

導式的解說方式，傳達種種知性與感性之美。

人車分道從公車總站開始，公廁前有標示人車分道起點，穿行第一個行人地下道，沿著人行道來到陽金公路的行人地下道（人車分道入口），入口處大理石台階前，地上有一幅園區步道的地圖，兩旁設有解說牌，通過地下道爬上好幾層的樓梯，出口路標0公里是步道計程起始點，從此處到遊客服務中心0.6公里。步道沿著陽金公路保持些許距離平行而行，偶有從公路上傳來的車聲，還是有一般步道的清靜，林蔭密佈消去不少暑氣，走段自然步道，不覺有爬坡之苦。7月正是野鴉椿開花結果時，果穗上黑點的果實，蠻奇特

木框級配步道

七星山苗圃登山口

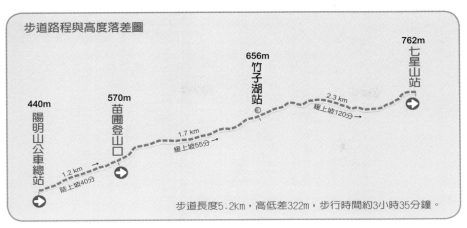

步道路程與高度落差圖

762m
七星山站

656m
竹子湖站

570m
苗圃登山口

440m
陽明山公車總站

2.3 km
緩上坡120分→

1.7 km
緩上坡55分→

1.2 km
陡上坡40分→

步道長度5.2km，高低差322m，步行時間約3小時35分鐘。

苗圃登山口涼亭

的。灌叢中，野牡丹粉紅色似玫瑰的花朵點綴著，步道接近遊客中心，一片草坡上，斑蝶追逐在島田氏澤蘭的花海中。來到遊客中心，在展覽廳裡展示豐富的園區史料，以及相關旅遊資訊，建議你繞行瀏覽一番，會有意想不到的收穫。

　　出了遊客中心，往右方柏油小路走，

造林記事碑

橫過馬路就是一座地面鋪有園區地圖的小廣場，續行約200餘公尺左右，到七星山苗圃涼亭登山口，途中經過一處史蹟紀念碑，「行啓並御成婚紀念造林地」碑，日治時期裕仁太子尚未登基天皇前，以皇太子兼攝政身份，於大正12年（西元1923年）來台巡視時，當時抵達草山（陽明山舊稱）訪問，是當年的一大盛事，台灣總督府在草山地區大興土木，栽植樹木，沿途築路、舖橋，設置電燈、電話等公共設施等。第二年（西元1924年）裕仁成婚，為紀念到訪與新婚兩件大事，台北州訂了10年紀念造林計畫，在七星山、大屯山區劃出1636甲山坡地，進行人工造林，種樹500餘萬株，樹種包括黑松、琉球松等，並在七星山登山口立石碑為記。此項造林計畫改變了本地原有的植被生態，至今依然可見。皇太子繼任為日本天皇，改元「昭和」，是為裕仁天皇，而陽明山地區之發展與建設也從此開始。

　　登山口涼亭，靠近陽金公路，一邊往七星山的登山口，一邊沿公路的步道口，路口的路標往竹子湖1.5公里，此地是0.2公里，應該是從七星山造型登山口算起，續行步道，經過指標叉路口，指標上往竹子湖1.0公里，往遊客中心0.7公里，也可以出陽金公路0.2公里。在這雜木中，陽光稀疏照射下，步道旁常有青翠的栗

陽金公路人車分道示意圖

陽金公路人車分道地形圖

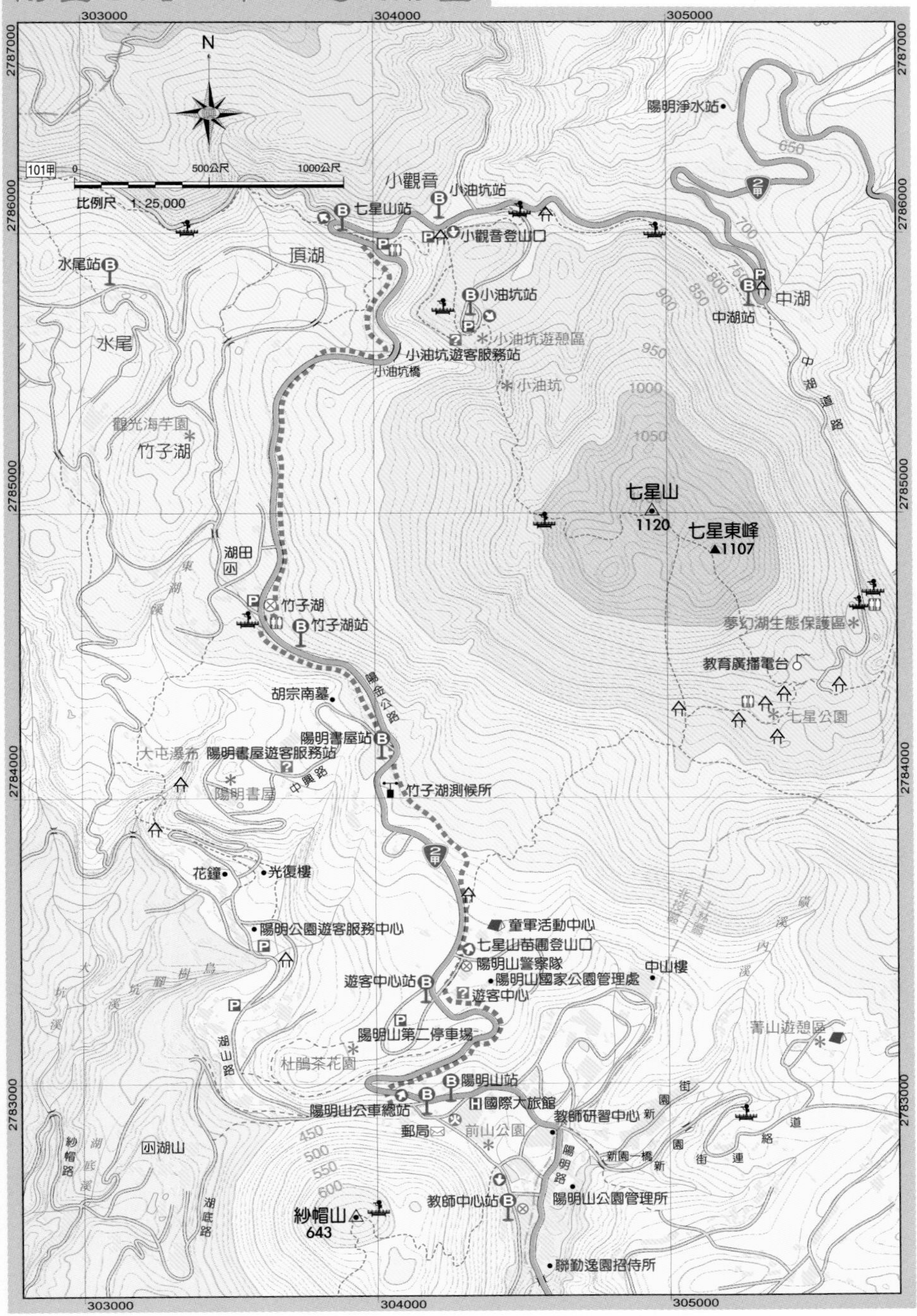

陽金公路陽明書屋站

蕨族群，蕨類植物又稱羊齒類植物，通常生長於較陰暗潮濕的環境，而栗蕨卻是與眾不同，生長環境常是較開闊的林下或沒有林木的坡地，經常成群生長在熱溫泉區附近，因此栗蕨又俗稱「溫泉蕨」。栗蕨的顏色較一般蕨類翠綠，小葉成對生狀，屬於多年生植物，每年會從葉軸頂端長出新葉，新生部份顏色鮮綠，舊葉片會變深，而且葉柄轉變為深咖啡色或黑色，我們可依據此項特點來辨別栗蕨的年齡。隨後步道繞過竹子湖氣象測候站後方，下坡接上陽金公路，越過公路是中興路口，設有陽明書屋公車站牌，中興路口對面再進入人車分道，只要循著指標走就不會有錯。

　　走進步道小徑，夾道杜鵑花叢參雜著山茶花，兩種不同花期的花，正可延長步道上賞花時間。走過一段有解說牌上寫著「落葉歸根」的標題解說，真的，足下滿地落葉，功成身退像徵著世代交替。竹子林的出現就是說竹子湖快到了，竹子在這地區是主角，種類繁多，是一種農業社會的經濟作物，步道兩邊是火管竹。

　　陽金公路旁的竹子湖是一處人氣旅遊景點，每年海芋花開，會吸引成千上萬的遊客前來觀賞採花，園區業者年年舉辦促銷活動，尤其是假日車水馬龍、人滿為患，賞海芋、採海芋，遊客樂此不疲。步道接上陽金公路，竹子湖路叉路口處有一觀景平台，可觀看台北盆地與園區內高度名列前矛的大屯主峰。回過頭來上路，步道口在竹子湖派出所公車站牌旁，循指標上階梯，想如廁的朋友可利用右手邊的公廁，離此一去，可就要到七星山站附近的小油坑停車場才有方便之所。路過小橋續行，這路段塊石步道上青苔斑斑，是少人行走或因濃蔭密蔽所致，倒也清涼愜意。林間出現人工造林的柳杉木，一個指標叉路口在杉木林中，指示前程往小油坑2.2公里、大屯自然公園3.7公里。出杉木林群，舞台上換主角，包籜矢竹和散落在步道旁的安山岩，像樣品般的安山岩塊附上解說牌，讓人廣增見識。箭竹步道一路來

柳杉林及解說牌

指標叉路往陽金公路

到陽金公路，接上人車分道，一小段上坡路，出口處正是七星山站，此處東可接中湖道路人車分道，西可接百拉卡公路人車分道，端看你體力或興趣如何了。

■ 交通資訊 ■

Ⓑ 大眾運輸

1. 七星山站：皇家客運、108（遊園公車）
2. 陽明山公車總站：紅5（捷運劍潭站至陽明山）、108（遊園公車）、260正區（東園、台北車站至陽明山）
3. 陽明山站：紅5（捷運劍潭站至陽明山）、230（捷運北投站至陽明山）、260正區（東園、台北車站至陽明山）、小8（石牌至竹子湖）、小9（復興站至竹子湖）、皇家客運（台北至金山）

＊108遊園公車於陽明山公車總站轉乘

🚗 自行開車

本路線起點陽明山公車總站至七星山站，反方向亦可，自行開車利用頭尾停車場，再搭108遊園公車回原地點取車。

1. 仰德大道→陽明山公車總站→陽金公路→小油坑橋停車場或小觀音停車場
2. 淡水、三芝→101縣道→101甲縣道（百拉卡公路）→陽金公路→小油坑橋停車場或小觀音停車場
3. 金山→陽金公路→小油坑橋停車場或小觀音停車場
4. 北投→新北投→泉源路→鼎筆橋→紗帽路→陽金公路→陽明山第二停車場

Ⓟ 停車場

1. 小油坑停車場
   （小油坑遊客服務站前/收費）
2. 小油坑橋停車場
   （皇家客運七星山站附近）
3. 小觀音停車場
   （皇家客運小油坑站站牌旁）
4. 陽明山第二停車場（遊客中心對面/收費）

遊憩景點

竹子湖

竹子湖原是一處火山堰塞湖，早年曾經水量充沛滿溢，後因湖水切穿湖盆下緣流失，經先民墾植後才逐漸形成現在的梯田風貌，至此可觀賞杉木林、竹林及當地農民栽培的海芋等花卉、苗木及蔬菜。

陽明書屋

興建於民國58年間，昔日為先總統蔣公接待國內外貴賓及夏日避暑之處所；今日則成為陽明山國家公園重要人文史蹟建物之一，並提供遊客諮詢及導覽解說等各項服務，是一處兼具自然與人文、知性與感性的參觀遊憩場所。

植物生態

野鴨椿

主要分布在大屯火山群，喜歡生長在樹林的邊緣或步道旁。當秋天時分，果實成熟時，紅色的果實分裂捲開，露出裡面小巧可愛的黑色種子，十分惹眼。其葉為一回羽狀複葉，革質而油亮，冬天時，青蔥的綠轉黃，一片片的小葉飄落，呈現另類風情。

我的登山記錄

地點：

時間：

心情
點滴

= 健腳級

百拉卡公路人車分道

■■ 攀登路徑 ■■

　　百拉卡公路對面人車分道，從陽金公路七星山站前步道口，經百拉卡公路觀景平台、水尾叉路口、鞍部測候所、大屯山登山口，到二子坪遊客服務站止，步道全長約2.5公里，平均坡度2至4度，走完全程時間約1小20分鐘左右。

　　陽金公路七星山站，在公路大轉彎前，下公車就可看見斜對面的登山口，在

百拉卡人車分道起點

此可遠眺竹子湖及大屯山。傳說竹子湖的由來是因早期湖底全為竹叢覆蓋，風吹竹

百拉卡人車分道

頂如波濤起伏，遠望似湖面，故稱之。步道口豎立有大指標牌，斗大的字寫著百拉卡人車分道。進入青苔斑駁的塊石步道，沿著山腰等高線走，所以平順無起伏，倒是山崖陡峭處，崖邊設有木護欄，步道遮蔭走來清涼暢快。

　　「百拉卡」或「百拉嘎」傳說是當地平埔族語或百六甲（160甲山田），惟最近考證可能是漢語「百六崁」的諧音，也就是昔時此處步道附近坡陡，築有很多石階（約160階）之意。百拉卡人車分道前段位小觀音山的南麓，下方為竹子湖，經

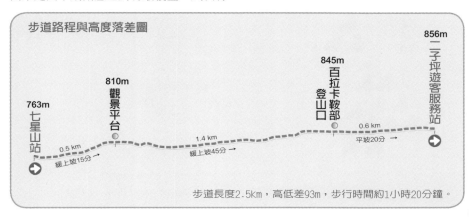

步道路程與高度落差圖

856m 二子坪遊客服務站

845m 百拉卡鞍部登山口

810m 觀景平台

763m 七星山站

0.5 km 緩上坡15分 →

1.4 km 緩上坡45分 →

0.6 km 平坡20分 →

步道長度2.5km，高低差93m，步行時間約1小時20分鐘。

百拉卡公路人車分道示意圖

N

小觀音山西峰
1056

小觀音山
1066

1051

大屯遊客
服務站

大屯自然公園

P

二子坪站
108

B

P

P

往北新庄
←

二子坪遊客
服務站

百

拉

鞍部測候所

卡

百
拉
卡
公
路
101甲公路
分
人車

七星山站
皇家客運、108
→往中湖

B

P

頂湖

水尾站
小9、小8
B

水尾

民航局
導航站
1077

竹子湖產業道路

下湖溪

觀光海芋園

竹子湖

陽金公路

2甲路

往遊客中心
↓

湖田小

往中正山
↓

百拉卡公路人車分道地形圖

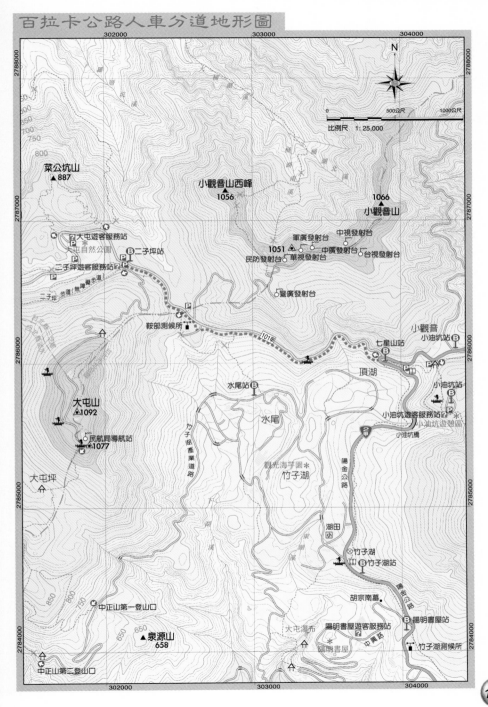

N

0　　　500公尺　　　1000公尺
比例尺　1:25,000

菜公坑山
▲887

小觀音山西峰
▲1056

1066
▲
小觀音山

軍廣發射台　中視發射台
1051　　　　　　　　台視發射台
▲　　　　　中廣發射台
民防發射台　華視發射台

警廣發射台

大屯遊客服務站
大屯自然公園
二子坪站
二子坪遊客服務站
二子坪步道(無障礙步道)

鞍部測候所

101甲

七星山站

小觀音
小油坑站

頂湖

小油坑站

小油坑遊客服務站
小油坑遊憩區
小油坑橋

大屯山
▲1092

水尾站

水尾

民航局導航站
▲1077

竹子湖產業道路

觀光海芋園
竹子湖

陽金公路

大屯坪

湖田

竹子湖
竹子湖站

中正山第一登山口

胡宗南墓

陽明書屋遊客服務站
陽明書屋站

泉源山
▲658

大屯瀑布

中正山第二登山口

陽明書屋
中興路

竹子湖測候所

人車分道百拉卡段木橋

步道安全護欄

百拉卡公路旁人車分道

大屯山與小觀音山鞍部後蜿蜒於茶公坑山下，直抵大屯自然公園。沿途開發的歷史很早，原始的樟科、殼斗科為主的闊葉森林，下方不遠處的竹子湖盆地就發現有先民使用過的器具，證明史前就有人類在此活動，近代歷經明鄭以來的伐樟煉腦；清代的燒薪取炭、開墾茶園、栽種大菁藍染植物；日據時期的大屯山造林運動，及晚近原有植被生態環境不斷的天然更新，使現有鬱閉的森林呈現人工造林夾雜的次生演替森林的林相。天然植被主要為以紅楠為主的闊葉森林，常見到有大葉楠、銳葉木薑子、昆欄樹等較高大的植物，稍下層可看到狹瓣八仙、華八仙、山桂花等灌木，樹叢間並穿梭有藤蔓植物如裡白薯蕷、台灣土茯苓、崖爬藤等，最下層分佈有各種蕨類及草本植物，例如疏葉卷柏、台灣雙蓋蕨及水鴨腳秋海棠、台灣山菊、島田氏澤蘭等。

步道沿途可見到早期密佈但現在稀疏的包籜矢竹，沿著松林夾道鬱閉的森林，四季旅遊呈現不同的景觀。越過溪谷的木棧橋後可沿石階上接百拉卡公路邊的

百拉卡公路人車分道上眺望七星山與竹子湖

鞍部登山口

百拉卡公路人車分道二子坪段步道

百拉卡公路人車分道旁觀景平台

人車分道眺望平台，此處有解說牌，可眺望整個竹子湖全景及七星山側的小油坑火山噴氣口，亦是攝影愛好者的取景聖地。再順著石階而下，沿途紅楠、昆欄樹、牛奶榕等雜木夾道而生，高層樹冠的黑松、琉球松遮蔽烈日，走在林蔭下倍覺涼快，步道旁灌木叢上常可發現懶洋洋的攀木蜥蜴，趴在樹幹上展現它特有的體姿。雨後的盤古蟾蜍穿梭於草叢間覓食，小蚱蜢也活躍地面，覓食多汁的嫩葉。此段步道最特殊的植物就是「大菁」，高約30至50公分，原生長於印度，後於清朝中葉引進台灣，推廣為提煉〝藍色染料〞的作物，在當時陽明山地區到處皆有栽種大菁並設有〝菁礜〞提煉藍靛，大菁在陽明山已馴化成森林底層的植物，喜歡潮濕環境，難得

在這兒可看到它，在林下馴化並成群的生長著。

步道經過一指標十字路口，指往竹子湖0.6公里，往陽金公路方向1.2公里，往大屯山登山口0.5公里、大屯公園1.6公里，此處是通往竹子湖的捷徑，沿下切步道是竹子湖水尾公車站牌。步道接上百拉卡公路，大屯鞍部有一氣象局的鞍部測候所，再沿著百拉卡公路的路肩，走至大屯山登山口，這段約百來公尺的步道是和公路併在一齊，對面是大屯登山口停車場，步道轉入登山口前草坪，除直上大屯山外右手邊另人車分道的步道，此段與公路平行走向卻保持距離的路徑，一路抵達二子坪公車站前，路標0公尺的終點處，此地有車道通往大屯山山頂，是觀賞大屯落日的好去處，另有步道通往二子坪及大屯自然公園的原生杜鵑區。

二子坪遊客服務站是配合無障礙步道所設立的服務站，有提供輪椅借用的服務項目，站前二子坪停車場也規劃有殘障人士專用停車位。至此再沿百拉卡公路走約百餘公尺，可到菜公坑山登山口或大屯自然公園。

小觀音山

■ 交通資訊

Ⓑ 大眾運輸

1. 二子坪站：108(遊園公車)
2. 七星山站：108(遊園公車)、皇家客運(台北至金山)
3. 陽明山公車總站：紅5(捷運劍潭站至陽明山)、108(遊園公車)、260正區(東園、台北車站至陽明山)
4. 陽明山站：紅5(捷運劍潭站至陽明山)、230(捷運北投站至陽明山)、260正區(東園、台北車站至陽明山)、小8(北投至竹子湖)、小9(復興站至竹子湖)、皇家客運(台北至金山)

＊108遊園公車於陽明山公車總站轉乘

🚗 自行開車

本步道位七星山站至二子坪站，開車之遊客，可利用步道起迄附近的停車場，再搭乘108遊園公車回原地點取車。

1. 仰德大道→陽明路→陽金公路→七星山站
2. 淡水、三芝→101縣道→101甲縣道(百拉卡公路)→大屯山鞍部登山口→七星山站
3. 北投→新北投→泉源路→鼎筆橋→紗帽路→陽金公路→七星山站

遊憩景點

大屯山車道

大屯山為本國家公園的蝴蝶重要棲息地，並以5～6月份成千上萬的斑蝶群聚遊訪島田氏澤蘭聞名中外。大屯山車道自二子坪停車場起至近大屯山頂止全長約2.4公里，道路兩旁可見島田氏澤蘭、野當歸、台灣澤蘭、南國薊等蜜源植物，是春、夏季賞蝶賞花的優質路線，亦是秋季賞芒花的好去處，近年更多次在此舉行蝴蝶季活動。

Ⓟ 停車場

1. 二子坪1號停車場(二子坪步道入口旁)
2. 二子坪2號停車場(1號停車場對面)
3. 大屯停車場
   (大屯遊客服務站旁/限行動不便人士專用)
4. 小油坑橋停車場
   (皇家客運七星山站附近)
5. 小觀音停車場(皇家客運小油坑站站牌旁)

動物生態

輕海紋白蝶（飛龍白粉蝶）

其體型比紋白蝶略大，翅展約5-6公分，雌蝶翅表的黑色斑紋特別發達。其幼蟲僅以稀有的鐘萼木葉片為食(目前所知的唯一寄主植物)，成蟲的飛行緩慢，有群聚性，喜愛吸食花蜜、溪水、鳥糞、汁液等。

台灣野豬（山豬）

較人類飼養的豬隻為小，本種屬夜行性動物，屬雜食性，主要吃植物之嫩葉、塊根、漿果或人們之農作物；有鋪草休息的習性，也有挖掘樹根或芒草根之能力，出沒之處常會留下圓筒狀之獸徑，壽命約15至20年。

植物生態

鐘萼木

是落葉性喬木，其葉的正面無毛，葉背被短柔毛。4月開粉紅色鐘形的花，以總狀花序排列於枝頂。花萼為鐘形，故名之。為公告保育類的稀有植物。其生長需要充足的光線，喜歡生長在潮濕的山谷旁，是演化早期的先驅樹種，也是輕海紋白蝶的幼蟲食草。

我的登山記錄
地點：
時間：

冷水坑‧擎天崗人車分道

■ 攀登路徑 ■

　　冷水坑擎天崗人車分道，從冷水坑遊客服務站，經菁山吊橋、碉堡觀景台、木橋十字路口、魚路古道（南段）叉路口、陽明山牧場，直到擎天崗草原接環形步道，全部路程約1.8公里，平均坡度6到8度，時間約1小時10分鐘左右。步道景觀特色是前段為蓊鬱的森林，出森林後轉為開闊的草原。冷水坑遊憩區裡的落葉林、自然步道走過柳杉木林，沿著小溪以紅楠為主伴有墨點櫻桃、野鴉椿等雜木林，摸索在芒草堆中，最後走出壯闊的草原。

　　步道從冷水坑遊客服務站開始，停車廣場右方，指標登山口有兩座涼亭，左手邊小山崗上的觀景平台，可眺望聞名的

牛奶湖

　　「牛奶湖」，一走進步道即可看到菁山吊橋，橋形優美，很多遊客都喜歡在橋頭留下倩影，橋下是雙溪源頭支流，有先民採取硫礦的遺址。過橋後，叉路口指標一方指往中湖道路，另一方指往擎天崗（絹絲瀑布）2公里，往擎天崗方向續行，通過木柵門，步道兩旁原為長得高高的芒草，轉個彎就被樹林取代，凹地處步道設有護欄、小木橋、解說牌，步道穿行於七星山、七股山與擎天崗之間的山谷窪地裡。隨後塊石步道轉為自然步道，緩坡上升進入柳杉木林區，這片人造杉木林樹形優美，是因處於有利地勢，背風面的關係。每當山嵐興起濃霧飄過，走在林間的自然步道，彷彿走向無盡的雲霧中，虛無標緲，極富詩情畫意，只能親身體會不可言喻。

　　走完這段坡道，上到嶺頂，這稱之謂雞心崙的小山頭，上面有一

冷水坑步道口涼亭

步道指標叉路口

叉路口柵欄

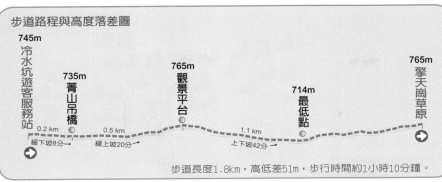

步道路程與高度落差圖

745m
冷水坑遊客服務站

735m
菁山吊橋

765m
觀景平台

714m
最低點

765m
擎天崗草原

0.2 km　　0.5 km　　　1.1 km

緩下坡8分→　緩上坡20分→　上下坡42分→

步道長度1.8km，高低差51m，步行時間約1小時10分鐘。

碉堡觀景平台

碉堡和觀景平台，平台展望良好。昔日此處有一營盤，俗稱「河南營」，乃是清領時期，由中國各省抽調來台防務之用兵，之後台語統稱這些兵員爲「河南勇」，當時因應台北府及金包里兩地移防，所經路線以山豬湖、大嶺的路線最近，而沿途路況定期維修，是以當地才有「河南勇路」之稱，雞心崙位處中心點，故設營盤

步道途中小橋

石舖步道

於此地，河南營遺址已幾乎堙滅，只剩約三、四尺的殘牆及零星堆疊的石塊、破瓦。資料描述當時擎天崗的國軍駐軍，曾拆河南營的牆石去建碉堡，使遺址只剩殘垣而已，所傳就地取材，是有可能。

從雞心崙觀景平台下來，徐徐下坡，步道沿小溪而行，林蔭清爽，景緻翠綠，鋪著不規則塊石的步道寬敞好走，路旁設有解說牌，幫您多了解園區及步道的特色，不妨停下腳步瀏覽解說，多觀賞周邊景物，相信會讓您受益更多。不多時來到木橋十字路口，小橋流水，水聲淙淙，夏日裡的蟬鳴鳥叫，這不就是大自然的交響樂嗎？以小橋爲中心呈工字形，上半部一邊指向來時路冷水坑，另一方指向中湖道路，下半部指向絹絲瀑布和擎天崗，依指標往擎天崗，翻過小山嶺約200公尺路程又是叉路口，這條叉路可就有名「魚路古道（南段）」，稍微注意腳下，古道上的石塊鋪法和一般步道不一樣，中間的塊石比較大兩邊較小，而且大石塊有被歲月磨平的現象，如果你想知道更多，可沿古道

157

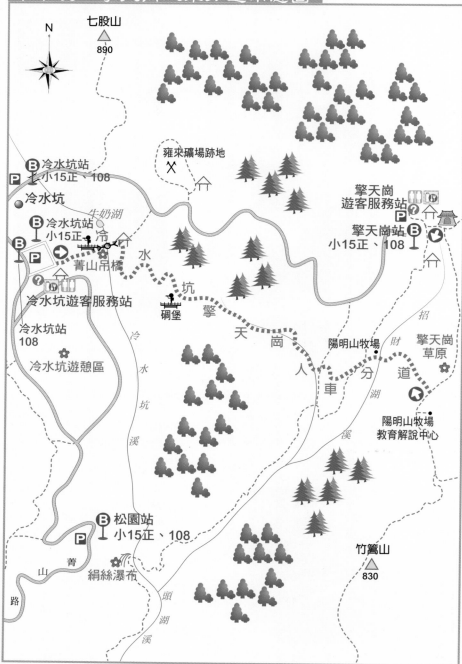

冷水坑・擎天崗人車分道示意圖

七股山
△ 890

N

雍來礦場跡地

B 冷水坑站
小15正、108
P
● 冷水坑

牛奶湖

B 冷水坑站
小15正、冷

B
P ➜
菁山吊橋

? ☰ ☰ ☰
冷水坑遊客服務站

冷水坑站
108

❀ 冷水坑遊憩區

水坑坑擎天崗人車分道

碉堡

陽明山牧場

擎天崗遊客服務站
? ☰ ⛩
擎天崗站 B
小15正、108 ☰

擎天崗草原 ❀

招 財 湖 溪

陽明山牧場
教育解說中心

冷水坑溪

B 松園站
小15正、108
P
❀ 絹絲瀑布

山 菁 山 路

頭湖溪

竹篙山
△ 830

158

冷水坑・擎天崗人車分道地形圖

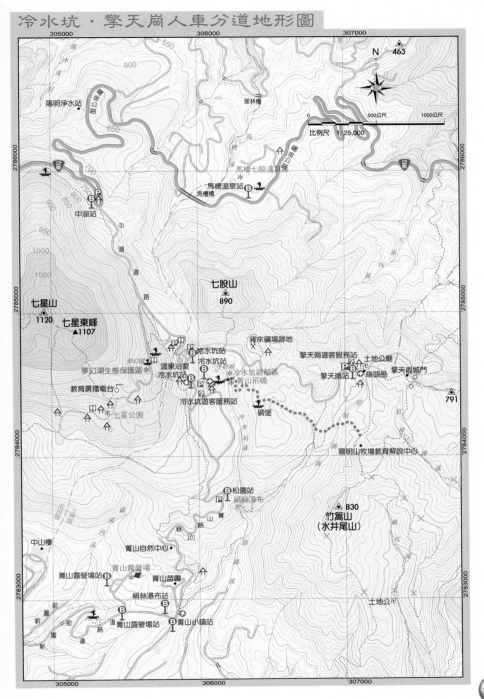

木框級配步道

步道途經陽明山牧場

往上走一小段路，路旁就有解說牌。回到我們今天要走的路，上一個小崁路，在林間有指標，循指標往擎天崗。前面就是陽明山牧場，牧場的沿革在環形步道篇已說明過，步道沿木欄杆旁而過，木欄內一片綠油油的青草地，可惜沒有看到圈養牛隻，可能全都放牧到大草原上，柵門旁有解說牌，略述牧場的由來。

接上草原景觀丕變，類地毯草原一望無垠，綠草如茵，往昔的牛群換成人群，低窪處芒草叢邊偶見「雙扇蕨」，又叫「破傘蕨」，是一種比較原始的植物，繁衍至今，我們稱之爲「活化石」；雙扇蕨在分類上是屬於雙扇蕨科的蕨類植物，葉面寬度可達30公分以上，且開裂成二扇狀，一般生長於較開闊而潮濕的地方，是園區內常見的蕨類，尤其是在草原上，因為這是適宜它

們成長之地，和萬物一般如果無知的破壞生存環境，終有一天會走向滅絕。草原段的步道很快就接上擎天崗環形步道，到達本步道的終點。

交通資訊

Ⓑ 大眾運輸

1. 冷水坑站：小15正、108 (遊園公車)
2. 擎天崗站：小15正、108 (遊園公車)
3. 陽明山公車總站：紅5 (捷運劍潭站至陽明山)、108 (遊園公車)、260正區 (東園、台北車站至陽明山)
4. 陽明山站：紅5 (捷運劍潭站至陽明山)、230 (捷運北投站至陽明山)、260正區 (東園、台北車站至陽明山)、小8 (石牌至竹子湖)、小9 (復興站至竹子湖)、皇家客運 (台北至金山)

＊108遊園公車於陽明山公車總站轉乘

人車分道接上擎天崗

冷水坑擎天崗步道途中涼亭觀景台

🚘 自行開車

本步道位冷水坑至擎天崗，開車遊客可利用起訖點附近之停車場，再搭乘108遊園公車或小15公車回原地點取車。

1. 仰德大道→山仔后→菁山路→菁山路101巷→冷水坑→擎天崗
2. 淡水、三芝→101縣道→101甲縣道(百拉卡公路)→陽金公路→中湖→中湖道路→冷水坑→擎天崗
3. 金山→陽金公路→八煙→馬槽橋→中湖→中湖道路→冷水坑→擎天崗
4. 北投→新北投→泉源路→鼎筆橋→紗帽路→陽金公路→中山樓→新園街連絡道→菁山路101巷→冷水坑→擎天崗

🅿 停車場

1. 冷水坑1號停車場
   (冷水坑遊客服務站前/收費)
2. 冷水坑2號停車場(冷水坑公共浴室前)
3. 擎天崗停車場
   (擎天崗遊客服務站前/收費)

動物生態

貢德氏赤蛙

本種屬於大型蛙類，體長可達8～10公分。喜歡棲息於平地或低海拔排水不良的溝渠，晝伏夜出，繁殖期4～8月。雄蛙鳴叫聲猶如狗吠，聽起來像是「夠、夠、夠」，其音低沉而渾厚。

植物生態

山月桃

山月桃別名小月桃、中位月桃、紅三七、七葉蓮，屬薑科，為多年生草本植物，高約1～3公尺，葉光滑無毛，大而長，長約25～35公分、寬約5～8公分，圓錐花序、漿果球形，成熟時呈紅色；花期為春天至秋天，以仲夏最盛。山月桃分布於海拔300至1,000公尺山區林地。

遊憩景點

冷水坑遊憩區

這裡有豐富而特殊的火山、溫泉及池沼景觀外，也是本園區樹苗及花卉的栽培生產地；周邊美麗的田園風光，結合風光明媚的自然景色，令人傾心嚮往，是大台北地區的熱門景點之一。

冷水坑遊客服務站

冷水坑苗圃園區

我的登山記錄
地點：
時間：

心情
點滴

七星山站至冷水坑人車分道

■■ 攀登路徑 ■■■■■■

七星山站至冷水坑人車分道，從冷水坑遊客服務站起登，經溫泉浴室、夢幻湖停車場、夢幻湖車道口、中湖小油坑登山口、小油坑觀景台、小觀音站、小油坑橋停車場，直到七星山站。全部路程約4.1公里，時間約1小時35分鐘左右。

本步道建議遊客起點從冷水坑遊客服務站開始，乃由於七星山站位處低地，自較高的冷水坑一路走下來比較省力，而且七星山登山口前規劃有人行道，可沿著公路步行到溫泉浴室，在停車場或公車站下

陽金公路七星站往中湖步道登山口

車，循著溫泉浴室左邊步道階梯口，有人車分道指標，經過浴室旁續行，步道和中湖道路平行，只要轉個大彎路就可到夢幻湖停車場，中型停車場靠南有雙涼亭式觀景平台，步道可從靠北邊登山口上，或由涼亭這邊繞上去。如果從涼亭邊上去，步道會穿過黑松、杉木林的休憩區，林中設有多處休息用桌椅供遊客使用；夏日的濃密樹蔭底下，很多遊客攜家帶眷，或三五好友在這避暑。要是從北邊登山口，直接往上登，不到幾步路，兩步道終歸在往夢

冷水坑溫泉浴室旁人車分道入口

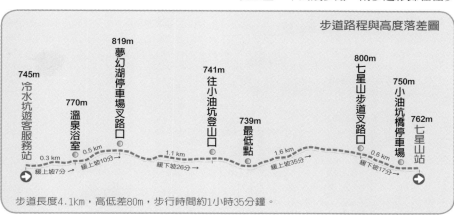

步道路程與高度落差圖

745m
冷水坑遊客服務站

770m
溫泉浴室

819m
夢幻湖停車場叉路口

741m
往小油坑登山口

739m
最低點

800m
七星山步道叉路口

750m
小油坑橋停車場

762m
七星山站

0.3km　緩上坡7分→　0.5km　緩上坡10分→　1.1km　緩下坡26分→　1.6km　緩上坡35分→　0.6km　緩下坡17分→

步道長度4.1km，高低差80m，步行時間約1小時35分鐘。

163

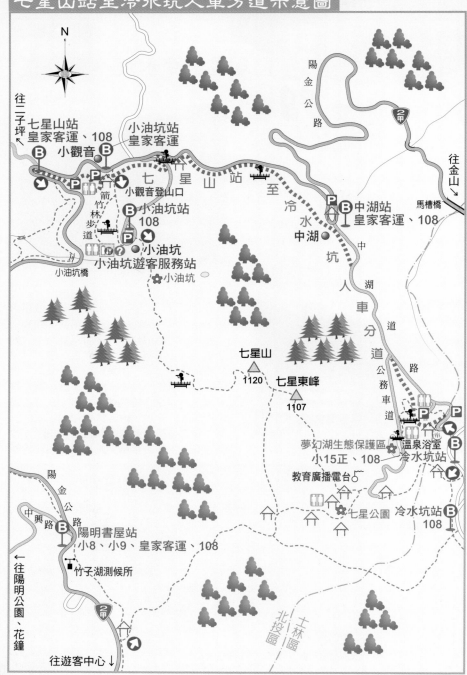

七星山站
皇家客運、108　小油坑站
皇家客運

小觀音

往二子坪

七　星　山　站　至　冷　水　坑　人　車　分　道

小觀音登山口

箭竹林步道

小油坑站
108

小油坑遊客服務站

小油坑橋

小油坑

陽金公路

中湖站
皇家客運、108

馬槽橋

往金山

中湖

公務車道　公路

七星山
1120

七星東峰
1107

夢幻湖生態保護區
小15正、108

教育廣播電台

溫泉浴室
冷水坑站

冷水坑站
108

七星公園

陽金公路

中興路

陽明書屋站
小8、小9、皇家客運、108

竹子湖測候所

往陽明公園、花鐘

北投區　士林區

往遊客中心↓

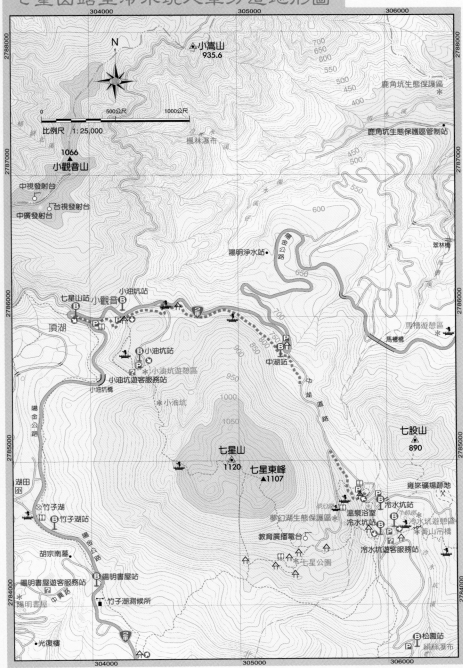

七星山站至冷水坑人車分道地形圖

中湖道路入步道口

中湖道路往小油坑登山口

冷水坑往中湖道路之步道

幻湖步道上交叉，循往七星山站至冷水坑人車分道1.1公里方向指標前進，步道沿山腰等高線，起伏不大，樹木稀少芒草居多，右方馬槽溪源頭溪谷，對面是七股山，一路走到夢幻湖車道入口處，接上中湖道路，隨後步道就沿著路肩走，這

段道路步道還不短，直到1.9公里指標叉路口，才又轉入芒草區，連過3座小石板橋，道上除了灌木叢和數棵紅楠外，還是芒草，這地區似乎長不出大樹來，緩坡下到中湖，路口也是往小油坑的登山口。

　　中湖道路口，陽金公路一邊往馬槽、金山，一邊往竹子湖、台北，大彎處路邊有座休憩涼亭，遊者行經可稍作休息。回到小油坑登山口，步道先是緩坡上升，然後是平順易行，和陽金公路一上一下並行，約1公里處步道旁有座小觀景台，可俯瞰後山地區，眺望小觀音山遠至竹子山。行經山崖峭壁路段，崖邊都設有護欄保護安全，遊客還是要小心通過，切莫大意。步道環繞於七星山北麓，迎風面植被是典型的芒草山坡地，除了芒草之外還有箭竹林。急陡坡下階梯，約40餘公尺左右，步道口剛好接上陽金公路，右邊有座供休憩之涼亭，背山面公路，視線越過路面，可眺望遠處小觀音山、竹子山。步道再沿公路路肩前行，約10餘公尺外路邊有

夢幻湖停車場叉路旁往中湖道路登山口

步道近小油坑車道旁之觀景台

一觀景平台，可觀望正前方垂掛山崖的小瀑布，景緻十分優美，瀑布周圍綠意盎然，紅楠和小灌木青翠茂盛，難得的是在純芒草山坡中，有這麼一處小天地。

步道近陽金公路處

步道未到小油坑車道口之前，有一指標步道口，上去是一座靠小油坑車道的觀景台，展望很好，可全覽金山河口平原及附近景觀。台上解說牌寫著；在你左手邊連綿不絕的山峰，是竹子山與小觀音山，竹子山東側是北磺溪支流鹿角坑溪的發源地，而順著竹子山往前看，前方那一片與海相連較低平的陸地，就是金山河口平原，金山河口沖積平原，是由北磺溪攜帶岩礫堆積而成的。從車道斜對面的步道口進入，續行，途中與小觀音七星山登山口的步道交叉而過，接下到小觀音路邊碉堡停車場，循停車場指標下切，步道進入雜木林區，山谷地形林木茂密，樹蔭底下一路到小油坑橋停車場，中型停車場設有公廁，周邊短草地濃蔭下，吸引很多遊客逗留。步道是從停車場上方經過，過不了

人車分道路口陽金公路旁之休憩涼亭

多久，當你發現陽金公路在步道旁時，就到七星山站了，這裡就是本段人車分道的終點。陽金公路、中湖道路、菁山路及新園街，三條人車分道銜接環繞著七星山，可單獨走也可串連走，三條步道三種不同的景觀，真要分辨誰好，只能說各有千秋。

眺望竹子山

167

■ 交通資訊

Ⓑ 大眾運輸

1. 冷水坑站：小15正、108(遊園公車)
2. 七星山站：108(遊園公車)、皇家客運(台北至金山)
3. 陽明山公車總站：紅5(捷運劍潭站至陽明山)、108(遊園公車)、260正區(東園、台北車站至陽明山)
4. 陽明山站：紅5(捷運劍潭站至陽明山)、230(捷運北投站至陽明山)、260正區(東園、台北車站至陽明山)、小8(石牌至竹子湖)、小9(復興站至竹子湖)、皇家客運(台北至金山)

＊108遊園公車於陽明山公車總站轉乘

🚗 自行開車

本步道起點七星山站至冷水坑，開車的遊客利用步道起迄點附近的停車場，再搭乘108遊園公車回原地點取車。

1. 仰德大道→山仔后→菁山路101巷→冷水坑 (或中山樓前→新園街連絡道→菁山路101巷→冷水坑)
2. 淡水、三芝→101縣道→101甲縣道(百拉卡公路)→陽金公路→中湖→中湖道路→冷水坑
3. 金山→陽金公路→八煙→馬槽橋→中湖→中湖道路→冷水坑 (或陽金公路→小油坑橋停車場或小觀音停車場)
4. 北投→新北投→泉源路→鼎筆橋→紗帽路→陽金公路→中山樓→新園街連絡道→菁山路101巷→冷水坑 (或陽金公路→小油坑橋停車場或小觀音停車場)

🅿 停車場

1. 夢幻湖停車場(夢幻湖東北方坡下)
2. 冷水坑1號停車場 (冷水坑遊客服務站前/收費)
3. 冷水坑2號停車場(冷水坑公共浴室前)
4. 小觀音停車場 (皇家客運小油坑站站牌旁)
5. 小油坑橋停車場 (小油坑遊客服務站旁)

遊憩景點

馬槽橋

造型碩大的馬槽大橋，每到夜晚，在燈飾的投射下，顯耀眼奪目。位於馬槽地區的馬槽大橋，橋下馬槽溪溪谷有地熱噴氣孔，黃色的結晶體、濃濃的硫磺味道，讓行經的遊客好奇駐足欣賞。

植物生態

白背芒

白背芒在墾植地、廢耕地、崩壞地等次生環境中是最優秀的先驅者，生長繁殖快速且壯觀，陽明山的白背芒因受到硫磺氣的影響，開出的花較為鮮紅，跟其它地方所看到的白色芒花不一樣。

昆欄樹

大型喬木，其特點為沒有花被卻是蟲媒花，由雄蕊分泌蜜汁來吸引昆蟲，雄蕊外觀有如車輪，故又名山車。

在台灣散生於中海拔1800至2200公尺的紅檜林帶，陽明山區則600至1000公尺便可見到大片純林，花期在4月。葉型菱圓形，有長柄、厚革質，看起來像根湯匙。

我的登山記錄

地點：

時間：

= 健腳級

菁山路及新園街人車分道

■ 攀登路徑 ■

菁山路及新園街人車分道，從陽明山站，經中山樓大門口、菁山露營場遊憩區叉路口、新園街菁山路101巷口、菁山自然中心，直到冷水坑遊客服務站，全部路程約5.2公里，時間約2小時45分鐘左右。

本步道起點從公車站開始，是考量到

人車分道菁山路新園段中山樓起點

交通方便的因素，出公車站沿著陽金公路路邊人行道，來到陽明山中山樓前，大門口左手邊有指標路口，步道是走新園街旁的小路，過小橋沒幾步路，有兩株並立的老樹，中間石碣刻著「鳳毛麟角」。過了

步道沿溪筆筒樹林

新園1號橋以後，步道就闢建在新園街路肩上，涇渭分明，應算是人車分道，這段路沿磺溪內溪走，因在公路邊毫無遮蔭，烈日下很辛苦，所以最好選在陰涼天或早晚來走。溪谷裡林木蒼鬱，尤其是筆筒樹碩壯枝葉茂盛，在公路大彎處，上木棧橋，步道和公路分道揚鑣，緩坡上到小山崗上，幾顆老樹環繞在山崗上的涼亭前，附近另有一觀景平台，可眺望菁山露營場，山坡上散落著休閒渡假小屋。菁山露營場過去（本處成立前）是極具知名的露營區，專供團體民眾舉辦露營、戶外活動的場地，本處成立後劃設為菁山露營場遊

老樹石碣

展望台前木梯步道

憨區。民國82年移撥本處經管，設有木屋區、露營區、植物生態區及餐飲等設施，目前委由民間經營。過路標1.0公里，步道走在谷地裡，起起落落但坡度不大，背風又潮濕，闊葉雜木林中，蕨類成為優勢地被植物。在此不妨駐足一下，感受蕨類不可思議的生命力，值得您多觀察多體會。

步道終於又接上新園街連絡道，沿路邊來到菁山露營場入口，續前行直到絹絲瀑布站牌後，循指標走入叉路，中間一段龍柏夾道，杜鵑花開時的步道最是

人車分道菁山新園段

菁山露營場入口

優美。接上菁山路101巷口，這裡同時也是絹絲瀑布步道的入口，絹絲瀑布步道是往下走，而人車分道是往上走；進入菁山路人車分道段的步道，感覺比較空曠、寬闊，細碎石子鋪面，四周林木稀疏，沿途芒草叢生，不像前面的山谷地景觀。過路標2.0公里後，不遠處從芒草缺口的短徑出去是一座觀景亭平台，佔地不小，

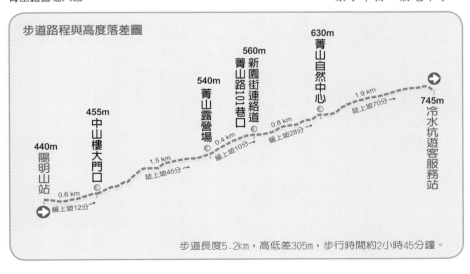

步道路程與高度落差圖

步道長度5.2km，高低差305m，步行時間約2小時45分鐘。

菁山路及新園街人車分道示意圖

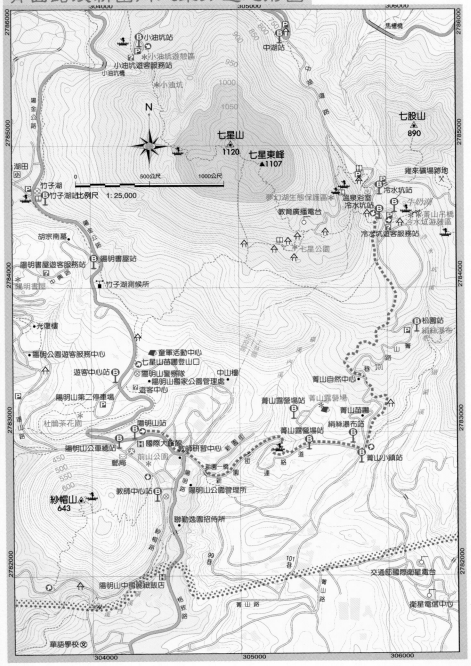

菁山路及新園街人車分道地形圖

N

0   500公尺   1000公尺

竹子湖比例尺　1:25,000

小油坑站
小油坑遊憩區
小油坑遊客服務站
小油坑橋
小油坑
陽金公路

中湖站

七星山
1120
七星東峰
▲1107

七股山
890

湖田
竹子湖

胡宗南墓
陽明書屋遊客服務站
陽明書屋站
陽明書屋

竹子湖測候所

夢幻湖生態保護區
溫泉浴室
教育廣播電台

雍來礦場跡地
冷水坑站
冷水坑站
牛奶湖
菁山吊橋
冷水坑遊憩區
冷水坑遊客服務站

七星公園

光復樓

陽明公園遊客服務中心

童軍活動中心
七星山苗圃登山口
陽明山警察隊
陽明山國家公園管理處
遊客中心

中山樓

菁山自然中心

松園站
絹絲瀑布

山菁巷
101

遊客中心站
陽明山第二停車場

菁山露營場站
菁山露營場
菁山苗圃
絹絲瀑布站

杜鵑茶花園

陽明山站

陽明山公車總站
郵局
前山公園

國際大旅館
教師研習中心
新園街
陽明橋
新園橋

菁山露營場站

菁山小嶺站

菁山連絡道

紗帽山
643

教師中心站
陽明山公園管理所

聯勤逸園招待所

陽明山中國麗緻飯店

99巷
菁山路

101巷

交通部國際衛星電台

衛星電信中心

華語學校

304000　　　　　305000　　　　　306000

2786000
2785000
2784000
2783000
2782000

173

沿新園街人車分道

菁山路往冷水坑遠眺七星山

隔著頭湖溪和竹篙山遙遙相望，地理位置不錯展望很好，視角寬廣。菁山自然中心是園區的保育大本營，繞過自然中心前面沿公路上行，公路邊路標2.6公里處，指標登山口進入後，從此人車分道與菁山路101巷道路分離，獨自走入山林間。

菁山路101巷。往前必須爬上木棧道的樓梯，這是為保護這段路的森林植被，避免遊客過度踐踏，話說回來，走在木棧道上也能用另一種角度去觀察林木。接著來到

菁山路轉入山徑步道

續行塊石步道緩坡上升，回到闊葉雜木林中，樹蔭底下清涼舒暢，這一段是自然步道，走起來步伐顯得輕盈許多；經過長長木棧道時，可以停下來感受一下林間的幽靜與清涼，深深地多吸幾口芬多精，充分的享受這休閒的好時光。步道健行活動千萬不要來去匆匆，應該放慢腳步讓心靈感受、享受林木簇擁的大自然生息。你知道什麼叫盤根錯結，「樹抱石」經時間的累積，細細樹根變成粗壯，緊抱著石頭，你在這裡可以看得到；裸露的樹根，團團盤住賴以依存的大石，樹與石緊緊環抱，混然天成、令人讚嘆。萬物之間的相處之道，就是互相包容，互相接納，便能活出另一種光采。

路標3.0公里，已走過四分之三的路程，續往前行，步道旁有木椅供遊客休息用，沒幾步路前有叉路口，指標往冷水坑1.2公里，往中山樓2.9公里，也可出

絹絲瀑布站附近步道

人造柳杉林解說牌

冷水坑往苗圃的步道入口，這是一條相當好走的步道，值得特別推薦，它是沿山腰等高線走，步道平順，植被以蕨類最豐富。指標往冷水坑0.5公里，此後進入柳杉林區，直到冷水坑七星山登山口，步道結束於七星山登山口。總結本步道還是一條大眾化的健行步道，路程雖長但起伏不大，前段沿公路幾無遮蔭處，後段則穿行於林間，前後交通方便，值得遊客嘗試。

通往菁山路

■ 交通資訊

Ⓑ 大眾運輸

1. 冷水坑站：小15正、108(遊園公車)
2. 絹絲瀑布：小15正區(捷運劍潭站至擎天崗站)、108(遊園公車)
3. 陽明山站：紅5(捷運劍潭站至陽明山)、230(捷運北投站至陽明山)、260正區(東園、台北車站至陽明山)、小8(石牌至竹子湖)、小9(復興站至竹子湖)、皇家客運(台北至金山)

＊108遊園公車於陽明山公車總站轉乘

🚘 自行開車

本步道位陽明山站至冷水坑，開車的遊客可利用步道起訖點旁的停車場，再轉乘108遊園公車回原地點取車。

1. 仰德大道→山仔后→菁山路→菁山路101巷→冷水坑(或中山樓前→新園街連絡道→菁山路101巷→冷水坑)
2. 淡水、三芝→101縣道→101甲縣道(百拉卡公路)→陽金公路→中湖→中湖道路→冷水坑(或出陽金公路右轉到陽明山站)
3. 金山→陽金公路→八煙→馬槽橋→中湖→中湖道路→冷水坑(或從陽金公路到陽明山站)
4. 北投→新北投→泉源路→紗帽路→陽明路→中山樓→新園街連絡道→菁山路101巷→冷水坑(或從紗帽路直接到陽明山站)

Ⓟ 停車場

1. 陽明山第二停車場
   (與遊客中心隔陽金公路相對/收費)
2. 冷水坑1號停車場
   (冷水坑遊客服務站前/收費)
3. 冷水坑2號停車場(冷水坑公共浴室前)
4. 夢幻湖停車場 (夢幻湖下方)

遊憩景點

菁山露營場

本露營場於民國82年由台北市政府交通局移交本處，接管後進行遊憩區的規劃與整理。本區共有入口意象區、原野露營區、木屋區、植物生態區、螢火蟲復育區、管理服務區等分區，是一個結合生態保育、露營、住宿、餐飲、戶外活動等休憩場所，目前委由民間經營。

陽明公園

如果說陽明山國家公園是大台北盆地的大花園，那麼陽明公園即是花園中的花園了。這座由台北市政府工務局公園路燈工程管理處所管理的公園，每年春夏季節，公園裡開滿各種花朵，滿山爭奇鬥豔，美不勝收。花季時，櫻花、杜鵑、茶花、桃花，開滿地；另外嬌豔欲滴的曼陀羅花朵、冬天的梅花、小橋流水、亭台樓閣、花鐘等，令人流連忘返。

動物生態

竹紅弄蝶（寬邊橙斑弄蝶）

翅面為黑褐色的底，上有濃橙色斑紋，翅腹面顏色比翅面淡。雄蝶前翅中央有暗灰色的斜帶狀性斑。幼蟲以禾本科的颱風草、狗牙根和綠竹為食物。成蟲飛行迅速，本園區內偶爾可在山徑旁或樹林邊緣見其蹤影。

植物生態

颱風草

又稱棕葉狗尾草。葉子寬大，上面有一至三道橫向摺痕，偶而會與當年度的颱風次數相同，故稱為颱風草，是一種有趣的巧合。分布於台灣各地，喜好陽光，常可在本園區步道旁見到。

冇骨消

又叫七葉蓮、也稱珊瑚花，為常綠小灌木，莖直立分歧，葉具長柄、對生，夏至秋季開花，花序間具有黃色或橙紅色之杯狀線體，可分泌蜜汁；開白色小花，果實球形，成熟後橙紅色，吸引昆蟲來採集，達到昆蟲授粉的目的。分布由平地至海拔2,500公尺左右高地，生長於路邊、畦畔、溪澗、山麓等地。

我的登山記錄

地點：

時間：

心情點滴

附錄

1 園區交通資訊

本園區公車資訊(僅列出部份重要車站)僅供參考，路線如有調整，請以現場為準。
公車資訊系統可參考網站 台北市公車動態資訊 http://www.e-bus.taipei.gov.tw/
台北市大眾運輸轉乘資訊 http://www.taipeibus.taipei.gov.tw/
台北捷運公司 http://www.trtc.com.tw/c/index.asp

上嶺溪橋站
皇家客運

八煙
皇家客運站

八煙

頂八煙

綠峰山莊

天籟會館溜泉

皇家客運站溜泉

往金山

P

108遊園公車(大都會客運陽明山站 02-28616206)
起訖：陽明山公車總站→陽金公路→中湖道路→菁山路→新園街(每日行駛)
站名：陽明山公車總站、遊園中心站、陽明書屋站、竹子湖站、七星山站、二子坪站、小油坑站、中湖站、冷水坑站(往擎天崗)、擎天崗站、冷水坑站(往終點站)、松園站、絹絲瀑布站、陽明山公車總站
頭末班車：07：00～17：30　發車：平日約30分，假日約5～8分，山區路段隨招隨停　收費：一段票或遊園券60元

擎天崗店
108
小15正
P
天崗客服務站

小6(大南客運0800-089456)
起訖：復興站至清天宮
頭末班車：05：40～23：00
發車：尖峰約20～30分，離峰約40～60分

小7(大南客運0800-089456)
起訖：復興站至嶺頭、嶺腳
頭末班車：05：40～23：00
發車：尖峰約40分，離峰約60分

小8(大南客運0800-089456)
起訖：捷運石牌站至竹子湖
頭末班車：05：40～18：00
發車：05：40、06：45兩次發車後，
　　　自上午08：00起每整點發車

小9(大南客運0800-089456)
起訖：復興站至竹子湖
頭末班車：05：20～22：00
發車：約20分～40分，山區路段隨招隨停

小15正區(首都客運0800-000866)
起訖：捷運劍潭站至擎天崗站
頭末班車：05：40～22：30
發車：平日約20分，假日約30至60分
　　　山區路段隨招隨停

小18(首都客運0800-000866)
起訖：捷運劍潭站至聖人瀑布
頭末班車：05：45～22：40
發車：尖峰約30～40分，離峰約60～80分

小19(首都客運0800-000866)
起訖：捷運劍潭站至平等里內厝
頭末班車：06：00～22：20
發車：尖峰約30～40分，離峰約60～90分

小25(大南客運0800-089456)
起訖：捷運北投站至六窟
頭末班車：05：20～22：40
發車：尖峰約40分，離峰每整點發車

小26(大南客運0800-089456)
起訖：北投站至頂湖站
頭末班車：05：30～21：30
發車：固定每日12班次，約50～70分

109休閒公車(大都會客運陽明山站(02) 28616206)
起訖：萬芳社區→陽明山第二停車場(假日行駛)
行經路線：萬美街→萬芳路→興隆路→羅斯福路→新生南路→松江路
　　　　　→民權東路→新生北路→中山北路→中正路(士林)→仰德
　　　　　大道→格致路→陽金公路(竹子湖路)
頭末班車：萬芳站05：40～16：30　陽明山站05：40～18：00
發車：約20～30分

110休閒公車(光華巴士0800-002277)
起訖：東湖－陽明山第二停車場(假日行駛)
行經路線：康寧路三段→成功路→文德路→內湖路→北安路→自強隧道
　　　　　→故宮路→至善路→仰德大道→格致路→陽金公路(竹子湖路)
發車：東湖站06：00、07：30、08：30、10：30、12：30、15：30
　　　第二停車場07：00、09：00、10：00、12：00、14：00、17：00

111休閒公車(三重客運0800-090607)
起訖：新莊－陽明山第二停車場(假日行駛)
行經路線：中正路(新莊)→重新路(新莊)→重新橋→重新路(三
　　　　　重)→台北橋→民權西路→承德路→文林路→基河路
　　　　　→中正路(士林)→福林路→仰德大道→格致路→陽金公路
頭末班車：樂生療養院站05：40～16：00，陽明山站05：40～18：00
發車：約15～20分

紅5(大都會客運0800-053434)
起訖：捷運劍潭站至陽明山公車總站
頭末班車：05：30～24：40
發車：尖峰約5分～8分
　　　離峰約10～15分，假日15分

230(大南客運0800-089456)
起訖：捷運北投站至陽明山
頭末班車：05：30～22：45
發車：尖峰約15分，離峰約30分

市民小巴1
(首都客運0800-000866)
起訖：捷運劍潭站至楓櫃口
頭末班車：06：10～17：10
發車：06：10、10：10、13：10
　　　、17：10，一天僅4班次

260正區(大都會客運0800-053434)
起訖：東園(台北車站)至陽明山
頭末班車：東園05：40～22：30、
　　　　　陽明山06：00～22：30
發車：平日尖峰約20分，離峰約60分

535(大南客運0800-089456)
起訖：捷運石牌站至六窟
頭末班車：06：00～23：00
發車：尖峰約20分
　　　離峰約40～60分

皇家客運0800-551687
起訖：台北車站(公園路)至金山
頭末班車：
　平日　台北車站06：30～18：30
　　　　金山06：10～18：10
　假日　台北車站07：00～18：00
　　　　金山07：10～21：00
發車：尖峰約10～30分，離峰約60分

179

附錄

2 緊急救護與求救

(1)遇有山難應先向家人通報求救。

(2)緊急時以手機直接撥119救難專線，會自動轉接到119消防局或110警察局求救。

（手機開機，無訊號時即可直撥112。若撥通則有語音回答：「這裡是行動電話112緊急救難專線，若您要報案請按「0」，我們將為您轉接110警察局；若您急需救助請按「9」，我們將為您轉接119消防局。」）

(3)冷靜鎮定，尋求避難所，發揮同舟共濟之精神，同伴間相互提振士氣。

(4)靜待原地等候救援，並在四周放置明顯求救標誌。

(5)發出求救訊號，每分鐘6次，每次以10秒為間隔，連續發出6次信號。

（意為：我在這裡來救我！）

(6)善用聲音如哨子、呼救、敲擊光線如手電筒、鏡片反光、煙火或信號彈等。

3 登山步行要領

(1)平時應有充分的體能訓練，為即將登山健行作好體能負荷準備。

(2)行進間注視路面，要踏穩腳步，重心放於腳掌上，記住「觀景不走路、走路不觀景」。

(3)登山步行時，最好每走1小時休息5至10分鐘，每行走3小時休息30分鐘之原則。

(4)遇上坡時，上半身向前傾，以膝蓋帶腳向前跨步，手臂配合擺動，保持身體的平衡；當坡度愈陡峭時，跨出步伐愈小。

(5)遇下坡時，身體的腰部放低，眼睛視線向下，步步為營，千萬不可用跑步方式下坡。

(6)穿著適當的服裝、配備，加上充分的休息和飲食，並搭配平穩的速度和步距，避免行程超過體能之負荷。

4 不宜登山時節

(1)每年5月的梅雨季節，山區經常陰雨綿綿，路面濕滑，易跌倒。

(2)夏季、秋季為颱風季節，天候不穩定，容易下暴雨，要注意天氣預報。

(3)春天常有午後雷雨，雨勢猛烈加閃電，不宜上山。

(4)夜間視線不佳，植物實施光合作用，吐出二氧化碳，不宜上山。

5 安全登山須知

(1) 專心循指標行走，迷路的可能性就不高；若遇芒草林、箭竹林高大濃密，應沿途留下明顯記號，以免走叉路迷失時可以折返。

(2) 不驚擾動物，山區有蛇類、野蜂、甚至猴子出沒，別蓄意驚擾或戲弄。

(3) 注意氣候變化，隨時留意天空是否佈滿雲霧，天色轉暗就不宜逗留山上太久。

(4) 小心有毒植物像是倒垂的大花曼陀羅、咬人貓、咬人狗等，外形像過貓的栗蕨都是具毒性植物，儘量不碰為妙。

赤尾青竹絲

咬人貓

咬人狗

6 郊山究竟有多高

郊山

　　郊山指的是海拔1,500公尺以下的山脈，大都位於市區的近郊，可以利用輕裝備、當天往返的小山。可以供民眾健行的郊山，通常都有著明顯的小徑、步道，「她」可能是小山連稜，也可能是獨立山頭、有明顯的山形。

中級山

　　介於郊山與3,000公尺間的山林地帶，大約是海拔1,500公尺以上到3,000尺之間的山脈，登山者通常無法在當日往返，須在山區住上一夜；若是連著走兩座中級山擇須兩夜以上的行程。台灣的中級山由於位置關係，多半在叢林密佈之中，多數也未經開發，所以走起來比較辛苦，對山友來說算是極大的考驗。

高山

　　台灣岳界的朋友習慣把超過3,000公尺以上的山脈稱為高山，更由於早期有百岳俱樂部山友點選了百座超過3,000公尺以上的高山，稱為「台灣百岳」，因此一般人都自然的接受將3,000公尺以上的山區稱為高山，事實上台灣超過3,000公尺以上的高山，就多達258座之多，只是有些高山真的是從沒有人爬過罷了。

附錄

7 閱讀登山地圖與叢書

登山地圖與叢書

登山的相關書籍種類繁多，大致上可分為實用的知識技術參考書、建議行程活動記錄叢書、登山心得報告等；其中知識技術與行程活動記錄的叢書，都是必備的基本知識，平時就應該勤於閱讀，入山前更應該要研究山區相關的資訊。

至於地圖方面，除了圖面路徑、資訊的正確性外，能夠選擇耐用、防水、環保材質的產品則更佳。

指北針

指北針的基本原理是利用地球磁場作用，使磁針永遠保持指向北方，是一種自然力影響的作用，東方和西方則是以相對位置山友現場制定的，依順時鐘方向，若北方為零度，分成360度的話，南方就是180度，依此類推東方是90度，西方則是270度。

指北針的構造大致可分成尖針式與圓盤式兩類，尖針式使用前一定要先歸零，也就是讓指針先對準0的位置；圓盤式因為指針已經固定在北方，所以省去歸零的動作。

指北針

8 甚麼是「三角點」

三等三角點

圖根點

所謂的三角點就是指三角測量或導線測量的基點，其設置的原則需以先山岳後平地之順序，並以視野開闊、交通方便為主要考量。

測量人員分別選取單一的測量點，但點與點之間必須能相互通視，在埋下代表永久性位置的基石後，即連成三角網，三角網大都是由三角形組成的多邊形，再逐漸向四周擴張。而三角形之形狀又以等邊三角形為最佳，但若不能達到此要求，只要三角形的角度不小於20度即可勉強使用。

點與點間連成的三角網，必須測量各點的方位角，並測定點與點之間的邊長，再根據邊長計算座標，以決定多點平面位置，最後再測量各點海拔高度，這個過程就是三角測量，而測量人員在測量點所埋設的基石就是三角點。三角

一等三角點

點不能隨便移動，所以基石的石質必須堅硬不易風化，可作為以後測量的標準。

認識各等級三角點

一般來說三角點的等級通常是以三角點間的距離或展望良好程度來區分為一等、二等、三等及四等。一等三角點邊長為45公里，二等三角點邊長8公里，三等三角點邊長為4公里，四等三角點邊長為2公里，而四等三角點又稱圖根點，也就是專為測量標高基點用的。

辨識各等級三角點

三角點的截面面積，以一等最大，二等、三等次之，在三角點基石頂面正中央部份，都刻有一個「＋」字形記號，側面則刻有某等三角點的字樣，而其號碼編寫原則為一等則不編號；二等、三等4,000號以上的則以阿拉伯數字橫刻，4,000號前的號碼是以漢字直刻（此為早期編號），而晚期測量設置的都改以阿拉伯數字橫刻。圖根點及圖根補點則不編號，但仍會加註設立機關的名稱。

北市編號基石(左下)

9 園區內之禁止事項

(1)禁止陳列、販賣、搬運或寄藏依國家公園法令規定所禁止捕獵之動、植物、礦石及其標本或加工製品。

(2)禁止於指定之商店販賣區以外地區設立攤位或流動兜售。

(3)禁止設置祭神設施、墳墓及其他妨礙景觀之設施。

(4)禁止懸掛路條、滑草、燃點火把、蠟燭等燃燒物、操作遙（線）控玩具、放風箏、放天燈、高空彈跳、飛行(如滑翔翼、飛行傘、熱氣球、拖曳傘等遊憩活動)及其他妨礙生態環境或公眾安全之活動。

(5)禁止於指定地區以外之地區露營、舉行營火會、綁設吊床、戲水、游泳、燃火、煮食、炊事、烤肉、騎乘腳踏車、燃燒冥紙或廢棄物。

(6)禁止破壞維護公眾安全與公眾利益之任何公物及設施。

(7)禁止放生、棄養動物或隨意餵食野生動物。

(8)除學術研究外，禁止進入危險或未開放之區域活動。

10 什麼是定位系統(GPS)

「衛星定位系統」英文(G.P.System)簡稱GPS，是一個以人造衛星為基礎的導航系統，此系統一共有24顆衛星每天約繞地球兩圈，以每一秒的頻率向地面發射訊號，利用小型的GPS接收器，只要同時收到3顆以上衛星的訊號，就能很快的計算出與這些衛星的距離，繼而推斷出接收器的位置，然後以經緯座標或是方格座標方式顯示出來，目前係由美國國防部發展衛星導航系統。

在美軍對伊拉克戰爭中，GPS真是出盡風頭，戰場上配備GPS的單兵，能很快的測出敵人的目標，並導引出飛彈或是砲兵，迅速的摧毀敵軍，由於作戰的需要，使得GPS接收器朝短小輕薄的結構發展。

GPS對山友有甚麼幫助呢？

到底GPS對登山者有什麼幫助呢？回顧一下台灣歷年來的山難事件，有許多是在天候突然變化下造成的。一旦在山上起霧或是下雨，即使有指北針或是地圖，也很難測出位置來，假如再加上附近的地形地貌變化不大，如寬稜線等，那就更易迷路了，萬一隊員有受傷，往往也因為無法說出正確的位置，而影響到求援的時效，此時，假如有一台GPS接收器在手上，只要輕壓一下開關，馬上就能知道詳細位置所在，不論是求援或要決定撤退路線，都能輕而掌握。

GPS還有甚麼功能呢？

GPS除了測位外，還有導航的功能，對於一未曾登過的山，只要在地圖上查出它的座標，用接收器上編輯的功能，將此座標輸入接收器內做為目標後，你只要打開接收功能，它收到衛星訊號後即可立刻告訴你，到目標的正確方位角及距離。

此外有些接收器還有自動記錄的功能。將時間間格設定好後，接收器會自動依據設定的時間，如5分鐘或半小時將位置記憶下來。回來後，只需將這些座標點依序叫出，即可畫出你所經過的路線來，這功能對新路線的探勘有極大的幫助。除了座標外，GPS也會告訴你高（度）程，所以對於三度空間的登山運動具有很大的助益。

如何選購GPS呢？

目前市場上有各種廠牌的GPS接收器，在選購時要特別注意下列幾點：

(1)是否有台灣的TWD67座標系統？

因為台灣的地圖是用橫式麥卡脫二度分帶法製作的，有自己的座標系統。與WGS84環球座標系統並不相同。所以為了配合台灣經建版等高線地圖使用，必需要有TWD67座標，才不會造成位置上的偏差。

(2)在林中的接收功能是否很好？

在台灣的中級山，幾乎都是樹林密佈，有些GPS接收器在樹下的接收功能不好，這樣的接收器只適合在大草原上使用。

(3)是否有指北針的功能？

附有電子指北針的GPS接收器，能馬上在其顯示幕上指出北方的方向。

(4)操作是否方便？

有些接收器按鍵太小，男性登山者手指較粗，又冬天時戴上厚手套，往往很難正確的按住所要的按鍵，便失去操作的功用。

(5)是否有擴充的功能？

最好的接收器還有擴充功能，能外接電腦或是電子地圖板。如此將對我們每次登山資料的蒐集、保存及整理，有很大幫助。

11 甚麼是二度分帶

在台灣有關地籍測量及大比例尺測圖所應用之座標系統，係採用橫麥卡托投影經差二度分帶，TWD67與TWD97恐怕是台灣使用與設計GPS軟硬體都會碰到的兩種座標系統，依據內政部地政司衛星測量中心的說明，TWD67座標與TWD97座標在實質應用上的差別在轉換後，依轉換參數的不同，其差值也會不同。

GPS在全世界任一地區均能使用，但是由於每個地區或國家幅員大小差異極大，加上測繪地圖的年代基準不一，所以在不同地區或國家，您拿到的地圖需注意下列兩項標識：大地座標系統(Map Datum) 與座標顯示方式(Position Format) ；針對這兩項，GPS接收機出廠時的內定值如下：

▲大地座標系統：WGS84-1984年所定的大地座標系統。

▲座標顯示方式：經緯度。

由於台灣地區目前所正式公告使用的大地座標系統有兩種：

1.1967年所定稱為TWD67舊虎子山系統。

2.1997年所定稱為TWD97新虎子山系統。

在同一地點位置進行定位時，TWD67與TWD97兩系統所得到的座標值，會相差近900公尺，目前大部份的山區經建版地形圖仍是使用TWD67舊虎子山系統，只有較新版之像片基本圖才使用TWD97新虎子山系統，大致上如同以下數據：

TWD67橫座標＝TWD97橫座標－828公尺

TWD67縱座標＝TWD97縱座標＋207 公尺

依上述公式誤差值約在5公尺以內。在高程上，TWD67所測得的是正高也就是絕對高程；而TWD97所測得的是橢球高。

附錄

附錄·相關單位資訊

12 相關單位資訊

政府相關單位

行政院國家搜救指揮中心
0800-077795

內政部消防署
0800-033119

內政部警政署
0800-018111

內政部空中勤務總隊
02-89111100

內政部警政署國家公園警察大隊
02-28625341

墾丁警察隊	08-8861331
玉山警察隊	049-2775110
陽明山警察隊	02-28613609
太魯閣警察隊	03-8621405
雪霸警察隊	037-996700
金門警察隊	082-313296
台江警察隊	06-3000046

內政部營建署	02-87712345
墾丁國家公園管理處	08-8861321
玉山國家公園管理處	049-2773121
陽明山國家公園管理處	02-28613601
太魯閣國家公園管理處	03-8621100
雪霸國家公園管理處	037-996100
金門國家公園管理處	082-313100
海洋國家公園管理處	07-3601898
台江國家公園管理處	06-3000045

民間救難單位

中華救助總會	02-23936566
中華大明緊急救難協會	02-23957999
中華搜救協會	02-27313935
中華民國救難搜索犬協會	02-28839466
中華民國災難救援協會	02-27374823
中華國際搜救總隊	03-3772272
中華民國山難救助協會	02-22328586

資訊僅供參考，如有異動請以各單位網址為主。

13 緊急醫療院所（毒蛇血清注射 ✚）

台大醫院 ✚
台北市中正區中山南路7號
02-23123456

台北榮民總醫院 ✚
台北市北投區石牌路二段201號
02-28712121

台北榮總臨床毒物科
台北市北投區石牌路二段201號
02-28757525

新光吳火獅紀念醫院
台北市士林區文昌路95號
02-28332211

振興復健醫學中心
台北市北投區振興街45號
02-28264400

國軍松山醫院 ✚
台北市松山區健康路131號
02-27648851

國軍北投醫院 ✚
台北市北投區新民路60號
02-28959808

三軍總醫院 ✚
內湖院區：台北市內湖區成功路二段325號
02-87923311
汀州院區：台北市汀州路三段40號
02-23659055

台北醫學院 ✚
台北市信義區吳興街252號
02-27372181

國泰醫院
台北市大安區仁愛路四段280號
02-27082121

台北市立萬芳醫院 ✚
台北市文山區興隆路三段111號
02-29307930

馬偕紀念醫院 ✚
台北市中山北路二段92號
02-25433535

馬偕醫院淡水分院
台北縣淡水鎮民生路45號
02-28094661

北海岸金山醫院 ✚
台北縣金山鄉五湖村南勢51號
02-24989898

景美綜合醫院 ✚
台北市文山區羅斯福路六段280號
02-29331010

台北市聯合醫院
　和平院區
　台北市中正區中華路二段33號
　02-23889595

　中興院區
　台北市大同區鄭州路145號
　02-25523234

　陽明院區 ✚
　台北市雨聲街105號
　02-28353456

　忠孝院區 ✚
　台北市南港區同德路87號
　02-27861288

　仁愛院區
　台北市大安區仁愛路四段10號
　02-27093600

　松德院區
　台北市松德路309號
　02-27263141

資訊以提供毒蛇血清注射及鄰近本園區之大型醫療院所為主，
如有異動請以各院所公告為主。

附錄

14 生態資源名録

15 遊憩景點名錄

遊憩景點

 附錄

16 國內登山相關團體資訊

山岳團體

中華民國山岳協會
http://www.mountaineering.org.tw/

中華民國健行登山會
http://www.alpineclub.org.tw/

中華民國523登山會
http://www.523.org.tw/

台灣高山資訊站（英文）
http://www.transoft.com.tw/tmic/

台灣山谷登山會
http://www.mountain.org.tw/

台灣國家山岳協會
http://taiwanalpine.likulaw.info/

民間社團

台北市山岳協會
http://www.taconet.com.tw/tmca/

台北縣山岳協會
http://www.thma.org.tw/

台北縣三重市體育會山岳協會
http://www.901783.org.tw/

台北縣樹林市山岳協會
http://www.sulinmt.url.tw

老山羊資訊站
http://wenlin.network.com.tw/

古道登山小站
http://tacocity.com.tw/zeentsai/

桃園縣山岳協會
http://www.tytaaa.org.tw/

新竹市體育會山岳委員會
http://www.hcaf.url.tw/modules/tinyd1/index.php?id=46

新竹科學園區健行登山社
http://www.hsipma.org/

台中縣愛山協會
http://ai-shan.myweb.hinet.net/

社團法人雲林縣山岳協會
http://www.17883.org.tw/

台灣山岳雜誌
http://www.twmount.com.tw/

登山補給站
http://www.keepon.com.tw/

花蓮縣山岳協會
http://www1.webng.com/mountain/

校園團體

台灣大學登山社
http://www.mountain.org.tw/WebBBS/Activity/NTU.aspx

東吳大學登山社
http://www.scu.edu.tw/~cd01/

清華大學登山社
http://my.nthu.edu.tw/~spo9201/

台北科技大學登山社
http://www.ntut.edu.tw/~wwwmtn/night.htm

淡江大學登山社
http://www.tkumcc.idv.tw/

陽明大學登山社
http://www.taconet.com.tw/Shinyi/

師範大學登山社
http://www.ntnu.edu.tw/climb/index.html

真理大學登山社
http://www.au.edu.tw/ox_view/club/mountain/

交通大學登山社
http://nctumclub.blogspot.com/

逢甲大學萬里登山社
http://myweb.fcu.edu.tw/~c09/

主題網頁

台北市親山步道主題網
http://www.ed.taipei.gov.tw/gowalking/

臺北縣登山步道導覽資訊網
http://sport.tpc.edu.tw/people/mountain/

資訊僅供參考，如有異動請以各單位網址為主。

17 參考文獻

1. 陳俊雄 2000 陽明山國家公園解說叢書-植物篇 陽明山國家公園管理處

2. 沙謙中 2001 陽明山國家公園解說叢書-賞鳥篇 陽明山國家公園管理處

3. 張永仁 1999 陽明山國家公園解說叢書-賞蝶篇 陽明山國家公園管理處

4. 柳正鳴 1999 草山新心情 陽明山國家公園管理處

5. 楊懿如 1998 蛙-訪陽明山國家公園兩棲類 陽明山國家公園管理處

6. 叢培芝 1997 陽明山國家公園解說叢書-步道篇 陽明山國家公園管理處

7. 台北市政府產業發展局 2006 揭開台北生態密碼

8. 台北市政府產業發展局 2008 台北市登山步道路線圖-七星山系 台灣交通出版社

9. 台北市政府產業發展局 2008 台北市登山步道路線圖-大屯山系 台灣交通出版社

10. 台北市政府產業發展局 2007 台北市登山步道路線圖-五指山系 台灣交通出版社

11. 交通部觀光局 1986 國民旅遊叢書-大台北地區近郊登山手冊

12. 林煙庭 1996 大台北山區健行登山導遊 國民旅遊出版社

13. 林煙庭 2001 大台北山區健行登山路線 國民旅遊出版社

14. 劉克襄 2002 北台灣自然旅遊指南 晨星出版

15. 王春洋 2002 台北市自然戶外教室 台北市政府觀光傳播局

16. 高麗鳳 2003 四季賞鳥指南-台北鳥視界 台北市政府觀光傳播局

17. 黃育智 2005 台北郊山熱門踏青路線-大台北森林、步道 朱雀文化出版

18. 林宗聖 2002 陽明山十大傳奇 人人出版社

19. 李瑞宗 1999 陽明山國家公園解說叢書-丹山草欲燃 陽明山國家公園管理處

20. 謝永河 1992 北部郊山踏查行第二集 聯經出版有限公司

21. 莊展鵬 1991 台北地質之旅 遠流出版社

國家圖書館出版品預行編目資料

陽明山國家公園步道/台灣交通出版社 圖文-初版.--臺北市：
陽明山國家公園，民98.09
192面；14.8*21公分. --（陽明山國家公園解說叢書；9）
參考書目；面
ISBN 978-986-01-9610-8　（平裝）
1.生態旅遊　2.登山　3.陽明山國家公園
733.64　　　　　　　　　　　　　　　98015206

陽明山國家公園解說叢書 ⑨

陽明山國家公園 步道

發 行 人　林永發
審　　定　詹德樞・叢培芝
策　　劃　陳彥伯
執行編輯　陳彥伯
企劃製作　台灣交通出版社
設　　計　張若真・林煙庭山林工作小組
圖　　文　台灣交通出版社
攝　　影　王嘉雄、呂理昌、李進興、李瑞宗、陳志明、陳育賢、陳彥伯、許建忠、姚正得、
　　　　　莊永泓、張弘明、黃光瀛、葉世賢、蔡東欽、劉騰祥、韓志武、戴進元、蕭淑碧
製　　版　昌傑印刷有限公司
印　　刷　昌傑印刷有限公司

發行單位　陽明山國家公園管理處
地　　址　11292 台北市陽明山竹子湖路1-20號
網　　址　http://www.ymsnp.gov.tw
電　　話　02-28613601
展 售 處　陽明山國家公園管理處員工消費合作社
　　　　　11292 台北市北投區竹子湖路1-20號　02-28613601轉296.297
　　　　　五南文化廣場
　　　　　40043 台中市中山路6號(1-5F)　04-22260330
　　　　　國家書店（松江門市）
　　　　　10485 台北市松江路209號1樓　02-25180207轉12
定　　價　新台幣380元
初版日期　中華民國98年9月
再版日期　中華民國100年12月

GPN:1009802097
ISBN:978-986-01-9610-8（平裝）